斎藤一人の道は開ける

永松茂久

PHP文庫

○本表紙図柄＝ロゼッタ・ストーン（大英博物館蔵）
○本表紙デザイン＋紋章＝上田晃郷

はじめに

「どんな人でも自分の道があり、そしてどんなに困難に見えても、その道は自分の力で必ず開くことができる」

それが本書のテーマです。

5年前、僕は自分の人生や商売にかなり行き詰っていました。幸せってなんだろう、どうなったら心が楽になれるんだろう。そして、自分の進む道とは一体どこにあるんだろう、と……。

その答えをくれたのが、日本歴代一位の所得税納税者であり、この駆け出し経営者の僕に、人間道を導いてくれた、お師匠さんである斎藤一人さんのこの一言でした。

「世間一般で言われる成功法則でうまくいかなかったら、もう一つのやり方があるんだよ」

それは今まで暗闇の中でひたすらもがき続けてきた僕に、一瞬で出口が見えた、そんな感覚でした。周りが壁だらけと思っていた僕が、その教えを聞き、そして実践していくことによって、目の前に大きく道が開けていったのです。この教えのおかげで、ごくごく普通の青年だった自分が、今、たくさんの魅力的な人に囲まれ、そして信じられないくらい幸せな毎日を過ごすことができています。

だからこそ、「この幸せを一人でも多くの方々に体験していただきたい」、その思いから本書は生まれました。

本書はこういう方々に特にお薦めします。

●斎藤一人さんのマンツーマンレクチャーを受けたい人
●自分の魅力を上げたい人
●人間関係で苦しんでいる人
●人からバカにされてみじめな思いをしたことがある人
●夢が持てなくて苦しんでいる人
●もっと人に認められたい人
●輝く人生を送りたいのに方法がわからない人

●仕事で壁にぶち当たっている人
●がんばっているはずなのになぜかうまくいかない人
●恋愛がうまくいかない人
●人に喜んでもらいたいけど方法が分からない人
●お先が真っ暗と思ってしまい、自分の人生に焦っている人

ここで、今からこの体験をしていただくあなたに、一つだけお願いがあります。
それは、実際にレクチャーを始める前に、斎藤一人さんと僕が約束したことでもあるのですが、本書の効果を100倍にするための読書法です。それは……

「あなたが、この気付きを大切な人に伝えること、そして伝えるためにこの本を読むということ」です。

この「人生がうまくいく方程式」は、実践し伝えるあなたが、実は一番成功するようになっています。さあ、準備はいいでしょうか？
「斎藤一人の道は開けるレクチャー」へようこそ。では始めます。

斎藤一人の道は開ける●目次

第1章　魅力を上げれば道は開ける

第2章　出会いを活かせば道は開ける

第3章　夢がなくても道は開ける

第4章　素直に学べば道は開ける

第5章　仕事の道の開き方

第6章　道が開ける一人さん流「幸福論」

第7章　自分の道の歩き方

終章　幸福な人生の歩き方

手書き文字　中山成子

5年前、迷子になっていた僕の人生を変えてくれたあの半年間を、
僕は生涯忘れることはない。

これから先が見えない人、何かの不安を抱えている人、
そして人生という道に迷っているすべての人たちへ、この本をささげます。

序章

田舎の四回戦ボーイ、チャンピオンに出会う

▼一人さん、うまくいく秘訣を教えてください

「シゲちゃん。それはおまえに魅力がないからだよ。魅力さえあれば、たいていのことはうまくいく。うまくいかないのは魅力がないということなんだ」

いきなりそう言われ、僕は目の前に星が飛んだ。

２００５年、今から約5年前の夏の終わり、蝉の鳴き声が静むころ、「生涯納税額日本一の実業家」である斎藤一人さんに、成功の極意を聞こうと九州大分から勇んで上京したときだった。

大きな衝撃を受けると人は目の前が暗くなるというけれど、それは本当だ。斎藤一人さんというヘビー級チャンピオンのパンチを、顔のど真ん中に、もろにくらったようなものだった。頭の中では一人さんの言葉が響き続けていた。「おまえには魅力がない」「うまくいかないのは魅力がないからだ……」。

それでも、かろうじて踏ん張った。チャンピオンのパンチを受け、フラつきながら立っている、へなちょこボクサーのようではあったけれど。

「一人さん。理由を教えてください。魅力って、いったい何ですか」
　あのとき斎藤一人さんという実業界の大巨人をまえにして、シッポをまいて逃げ出さず、なんとか食らいついていった自分のことを、今はほめてやりたいと思う。

　あの日以来、一人さんの教えをどれぐらい受けただろう。一人さんの口から出てくるひと言、ひと言が、僕にはとても新鮮で刺激的だった。事業家としていかに立つべきかという話。男として、人間としてどう生きたらいいかという話。仕事に対する心がまえの話。ひと言も聞きもらさず、すべてを吸収しようとした。

　それまでの僕は右も左もわからず、ただ夢中で生きてきた。大分の田舎で2軒の店を持つ、デビューしたての4回戦ボーイ。人生の歩き方もよく知らず、2軒の店をどうにかして軌道にのせようと右往左往していた。ああいうのを五里霧中というんだろう。そんな僕に、一人さんは惜しげもなく数々の知恵を伝授してくれた。
　その言葉はまるで、乾いた砂に水がしみ込むように僕の全身にしみ込んでいくようだった。ICレコーダーにも録音させてもらい、帰ってからそれを繰り返し、繰り返し、何度も再生して聞いた。そして、自分にできるものから、一つひとつ実践していった。

それで、いったい何が変わったのか?

はっきり言えるのは、僕の前に徐々にひと筋の道が開けてきたことだ。

▼斎藤一人さんって何やってる人?

一人さんにはじめて出会ったのは、2005年の7月のことだった。

僕は大分県の中津で、たこ焼きダイニングの店「陽なた家」と、居酒屋「夢、天までとどけ」の2軒の店を経営している。中津といっても知らない人が多いと思う。大分市の北にある人口8万ちょっとの地方都市で、全国的に有名なものといえば、福沢諭吉さんの出身地であるということと唐揚げ屋の店舗数が全国1位ということ。そんな田舎町で唐揚げ屋ではなく、仲間と始めたたこ焼き屋のスタートは、小さな1店舗と九州のスーパーをどさ回りする行商部隊だった。

はじめはスーパーの片隅を借りたり、イベントがあると聞けばどこへでもエッチラヨッチラ出かけていって、そこでたこ焼きを売った。それが意外に評判よく、2

年後にたこ焼きダイニングである「陽なた家」をオープン。さらにその2年後に居酒屋をスタートさせたころ、斎藤一人さんという実業界の巨人との出会いが待っていた。

その経緯は書くと長くなるのではぶくが、僕の尊敬する「清水の親分」、東京で「読書のすすめ」という、ユニークな本屋さんを経営している清水克衛《かつよし》さんから、「近いうちに大分で斎藤一人さんの『寺子屋講演会』が開かれるので、ぜひ会ってごらん」と勧められたのがきっかけだった。

しかし正直な話をすれば、そのときは「斎藤一人さん」という名前すら聞いたことがなかった。「誰ですか、その人」と質問をしたのを覚えている。そんなマヌケな質問にあきれながら清水さんは、斎藤一人さんがスリムドカンで有名な健康食品会社「銀座まるかん」の総帥で、生涯納税額日本一であること、またその話がとっても面白いことなどを話してくれた。

そういわれれば、当時まだ新聞に「長者番付」として公表されていた、その年の納税額ベストランキングの中に、そんな名前を見たことがあったような気がした。

へえ。そういう人なら会ってみたいな。

ノー天気な僕は、そんな軽い気持ちで会いに出かけた。そこで会った一人さんが、のちにかけがえのない人生の師になることなどちっとも知らないで。

現在、「陽なた家」の壁に一枚の色紙がかけてある。そのときに大分市内から1時間かけて中津までわざわざ足をのばして、うちのたこ焼きを食べに来てくれた一人さんが、「きょうはすごく楽しませてもらったからお礼だよ」と言って書いてくれたものだ。

いただいた色紙には、こう書かれていた。

――遠くからあなたに幸せを運んできたよ　　ひとり

▼この出会いが僕を変え、みんなを変えた

何も知らないそんな僕が、新小岩駅の近くにある本社を訪ねたのは出会いから1カ月後、2005年の8月のことだった。「東京へ来ることがあったら遊びに来なよ」。その言葉だけを頼りに出かけていった。

斎藤一人さんの本社だから、繁華街の目抜き通りにどでかいビルをでんとかまえ、大きな看板も出ているだろう。すぐ見つかると思っていたが、それが甘かっ

た。新小岩というところは東京の下町で、でかいビルなんかちっとも建ち並んでいない。歩いても、歩いてもそれらしい建物など見えない。降りる駅を間違えたんだろうか。

仕方なく地図を出して確かめる。すると、たったいま通り過ぎて来たところに、「まるかん」の番地がある。そんなはずはないがなあ。そう思いながら引き返すと、あった！　どこにでもあるようなごくごく普通の建物のドアに「銀座まるかん」のロゴが出ていた。

僕は、その建物の前でしばらくボー然と立っていた。納税額日本一と、目の前のどこにでもあるような普通の事務所がどうしても結びつかない。すごいギャップ。斎藤一人さんという人物が、謎めいて、とてつもなく懐の深い人に思えてきた。

あとで聞いたことだけれど、一人さんが江戸川区の事務所から動かないのは、パートのスタッフさんたちのためだった。「銀座かどこかに本社を移したら、パートさんたちが通うのにたいへんだから移さない」。当たり前のことのように、一人さんはそう言った。

建物の中では、その事務員さんたちが何人か働いていた。挨拶をした僕が通された「ゲストルーム」には、革張りのソファもテーブルもない。田舎の公民館かなんかによくある、折りたたみ式の長机とイスが並んでいる。そこでもあまりのギャップに驚いて、キョロキョロとあたりを見まわしていると、ほどなく一人さんがあらわれた。

「よく来たなあ。遠かっただろ」

大分で見たのと同じ気さくな一人さんだった。

「シゲちゃんに、何か冷たい飲み物を冷蔵庫から出してあげて」

声をかけられた事務員さんが、元気よく「ハイ」と答えて建物を出て行く。

「一人さん。他にも社屋があるんですか」

「ないよ。なんで？」

「だって、いま従業員の方が外へ出ていったみたいだから」

「ああ、あれ。ここには冷蔵庫がないの。道の向かいにとても大きな冷蔵庫があるんだよ」

「向かいにですか？」

一人さんは笑って、タネ明かししてくれた。

「うん。向かいにコンビニがあったろ。あれがうちの冷蔵庫」

そうか。一人さんくらいのお金持ちだったらコンビニの1軒や2軒持っていてもおかしくないな。そう思って聞いたら、経営者は全く知らない人だという。

「冷蔵庫って、自分で持ったら不便なんだよ。どんなに大きな最新型を買っても、入れたいものがみんなしまえるわけじゃないから。必ず入らないものが出てくる。でも、コンビニの大きな冷蔵庫なら、何でもあるよ。だからここには冷蔵庫がないの」

冷蔵庫も持たない億万長者。持つことに、ちっともこだわらない大金持ち。僕は、このとき一人さんの本当のすごさにはじめてふれた気がした。決して大げさではなく、心がふるえた。この人の話をそして考え方をもっと聞きたい、そう思った。

「冷蔵庫」から出してもらったお茶を飲みながら話が始まった。

「実は、今日うかがったのは、一人さんにぜひ成功の方法を教えていただきたいからなんです。先日来ていただいた陽なた家のほかに、もう1軒店をオープンしたばかりなんですけれど、そこがいろいろと問題を抱えていて」

僕は、自分が直面している問題を正直に話した。一人さんから、何か経営上のアドバイスを聞けるものと思っていた。

それに対する答えが、冒頭に書いたひと言だった。

――シゲちゃん。それはおまえに魅力がないからだ。魅力さえあれば、たいていのことはうまくいく。うまくいかないのは魅力がないということなんだ。

僕の、そして僕の仲間たちの人生を、この言葉が大きく変えることになった。

▼うまくいくって、とっても簡単なんだよ

「シゲちゃん、将来どんな人になりたいの？」

突然、一人さんに尋ねられた。

「はい。僕は一人さんみたいな大実業家になりたいと思っています。もっともっと成功したいなという気持ちで、きょうも来させていただいたんですけど」

「そんな豪華なもんじゃないよ。俺は一人の商人だよ」

「いや、僕から見たら一人さんは大実業家なんです。世間から見てもそうだと思い

ます」

「ははは、ありがとうね。まあシゲちゃんがそう思ってくれるならそれでいいや。でね、実業家になりたいって気持ちが出てきたなら、それは正しいんだ。事業を成功させるっていうのは、別に難しいことじゃないよ。難しいと思う人はできない。足の速い人は、走るなんてたいへんだと思わないよな。たいへんだと思っている人にはできないんだ。よく、会社経営はたいへんですねって言う人がいるけど、たいへんっていう人にはできないよ。金儲けだけじゃないよね。何でもそう。世界旅行だって、幸せな家庭だって。それをたいへんだって思う人、難しいと思う人はできないし、本気でやらないよ」

確かにそうだ。大事なのは「思い」なんだ。できるとか、できないじゃない。何をやりたいか。何をしたいと思うか。そこに、すべての出発点があるのだ。

「ただ、大切なことが3つあるんだよ」

僕は、いよいよ成功の極意が聞けると思って身を乗り出した。

机の上に広げたノートに「人生の成功者になる方法その①」と書いた。

「いいかい、よく聞きな。3つのうちのひとつは、笑顔だよ」

「はい？」

「1つは笑顔。2つ目が、うなずきだな。3つ目が、ハッピーな言葉。『ツイてる、うれしい、楽しい』という天国言葉。この3つさえあれば、大丈夫なんだよ」

僕は、また頭がクラクラしてきた。一人さんが何を言っているのか、まったく分からなかった。成功者になるのに、笑顔とうなずき、天国言葉だって！　まさか。九州からわざわざ話を聞きに来たのに、その答えが「笑顔」かよ。頭の中でそんな声がした。

正直言って、がっかりしたのだ。

今しがたノートに書いたばかりの「人生の成功者になる方法その①」という文字のうえに、一人さんに気づかれないようにそっと線を引いて消した。一人さんは、そんな僕の気持ちなどちゃんとお見通しだったに違いない。おだやかな声でこう続けた。

「いいかい。商人ってのは、人様に気を使うのが仕事なんだよな。サラッと気を使って、愛情を出すのが仕事。最終的に、成功の道って細やかな愛なの。細やかな愛情を持って仕事をやれば、何やっても成功するんだ。たこ焼き屋でも居酒屋でも、そば屋でも何でもね。サラリーマンだって、警察官だって、学校の先生だって、家庭の主婦でも、それさえあれば成功するんだよ」

「はあ。すごいですね」

まだ素直に一人さんの言葉が聞けなかった。

「べつに、すごくはないよ。当たり前なの。だって、人はみんな自分の何かを売って生きているんだよ。サラリーマンは、自分の事務能力を売っているし、警察官は安全を、先生は知識を売っている。家庭の主婦が売っているのは、家族のやすらぎだよね。この世の中に商人じゃない人なんか、ただのひとりもいない。弁護士だって医者だって、国会議員だって、みんな商人なんだ。みんな何かを売っている。それって、どういうことかというと、お客さんがいるということ。目の前に人がいるから売れるんだ。いなければ、どんなすごいものだって売れないだろ。だから人様に気を使い、目の前にいる人に喜んでもらうことが成功の秘訣なの。難しくないんだよ。簡単なんだよ」

▼おまえ、うまくいってないから俺んとこに来たんじゃないのか

聞いているうちに、僕の生意気心がムクムクと頭をもたげてきた。

そんな簡単な話を聞きたいんじゃないんだけど。笑顔とうなずき、天国言葉。そんな簡単なものでうまくいくなら、誰も苦労なんかしやしない。僕だって、いろいろな成功法の勉強をしてきた。でも、そんなことはどこにも書いてなかった。もっとすごい成功のテクニックを教えてもらいに来たのだ。

「笑顔とうなずき、天国言葉ですね。わかりました。で、その次は何ですか？」

「とりあえずそれだけだよ。それだけでかなりうまくいくよ」

「え。それだけ……ですか？」

「何か不服かい？　思ってるより難しいよ」

「いえ、不服じゃないです。笑顔やうなずき、言葉が大切だっていうのは、僕も分かるんです。要するに人間関係、コミュニケーションですよね。僕の考えでは、人間関係っていろいろなことのベースだと思うんです。それをベースにしたうえで戦術・戦略のようなものが必要になってくると……」

今思えば、チャンピオンに向かって4回戦ボーイの僕が、よくこんな生意気なことを言えたものだ。しかし当時の僕は、人の話を黙って聞いていられなかった。何か自分なりの意見を言わないと、バカにされると思っていたからだ。

思い出しても恥ずかしくなってくるが、そんな僕の中途半端な意見を、一人さんはニコニコしながら聞いていた。「それは違う」とも「ダメだ」とも言わない。それで僕はますます調子づいてしまった。気がつくと僕ばかりが話している。だんだん一人さんの言葉が少なくなる。何かピント外れなことを、僕は言っているんだろうか。

不安になって、思い切って聞いてみた。

「一人さん、僕、なんかまずいこと言っちゃいました?」

「いいかい。今からいい話をするから、真剣に聞きなよ」

「はい」

「シゲちゃんはさ、ちょっと道につまずいて俺のところに来たわけだよな」

「はい。その通りです」

「おまえの考えでいいんだったら、おまえの考えのままいけばいい。ただ、そこからもっと上へ行きたいだろうし、もっと成功したいから俺のところに来たんだよな」

「う……」

そりゃそうだ。自分の考えでうまくいかなかったから学びに来たのに、しょうこりもなくうまくいかなかった自分の価値観ばっかりのたまっている自分自身に気がついた。

「そうやって自分の考えにしがみつくのを『我《が》』って言うんだよ。でもそのうまくいかない考え方のままじゃいつまでたっても新しいものは入らないよな。だったら、一回自分の考え方をわきに置いてみな。頭を外してみな。俺が言う通りに、やることができるかい?」

そのとき、「はい。やります」と即座に答えられたのはなぜだろう。いままでなら、「でも」とか「だけど」と必ず言っていたのに。

「シゲちゃんも、ずいぶん勉強してきたよな。あの店を見ればそれはすぐに分かった。勉強グセと働きグセは、とっても大事だよ。でも、一番大事なのは素直さなんだ。いってみれば、『指導される力』だな。おまえに一番欠けているのは成功法じゃない、『指導される力』だよ」

一人さんが、怒るところは一度も見たことがない。大声を出したり、言葉を荒らげることは決してない。どこまでも、胸に沁みるようなやさしい声だ。だからこそ迫力がある。叱るときは、かえってすごみがある。

「いいかい、今の時点で経営者としての能力に磨きをかけようなんて思っちゃいけないよ。おまえがいま磨きをかけなければいけないのは、『指導される力』だ。その力のない人間は、一定以上に伸びないんだよ。ここに来たら、まずその『指導される力』を磨くんだ。そして九州へ帰ったら、学んだことを素直にやってみな。信じられないかもしれないけどまずは黙って俺の言うことをやってみること。そして、1カ月したら結果を報告においで」

僕は一人さんの言葉をノートにメモをした。

道は開けるノート

学ぶ時はいったん自分の「我」を抜いて素直に聞く。これを「指導される力」という

一人さんに送り出されて、僕は江戸川区の「事務所」を出た。

羽田に向かう電車の中で、例のノートを開いた。そこには、「人生の成功者になる方法その①」と書いてある。その上に一本の線。いまはその言葉が、なんだかとても軽薄に見えるのが不思議だった。余白はいっぱいあったけど、ページをめくった。

新しいページに、大きな字で書いた。

人生の成功の基礎は笑顔、うなずき、天国言葉

でも、それがどういう意味なのか。それがどういう結果をつくるのか。そのときの僕はぜんぜん分かっていなかった。

▼人は変えられないよ。人を変えたければ、自分が変わるんだよ

大分に戻って、さっそく店のスタッフの前で宣言した。

「これからは笑顔を大切にしていくぞ。それからうなずきと、ハッピーな天国言葉だ」

みんなポカンとしている。「何ですか、急に」とスタッフの一人が言う。「シゲ兄。いままでだって笑顔を大切にしてきたけど」。もう一人のスタッフが口をとがらせる。部下は経営者に似るってよく言われるが、そのとおりで素直に言うことを聞かない僕の分身たちがそこにいた。

「おまえたちには、どうも『指導される力』が足りないな。いいから黙って、俺の言うことをやってみろ」

もちろん一人さんの受け売りだ。

しかし受け売りでは、やっぱり効果がなかった。相変わらず不平不満の垂れ流しと、スタッフ同士のけんかが頻発する。仲のいい仲間が集まって始めた店だったから、そういうところは遠慮がなかった。僕はほとほと手を焼いて、一人さんに電話で相談した。

「スタッフにやらせろと言ったかい？　分かってないな。そういうのを英語で言うとオオバカヤロウというんだよ。いいかい、まず自分がやるんだよ。人は変えられないの。自分が変わったときに人って変わるんだよ。まず自分が率先してやってみな。人に言うのはその先だよ」

道は開けるノート

学んだことは人に伝える前にまず自分がやってみる

その日から僕は笑顔とうなずき、天国言葉のシゲ兄になった。

しかし長年の習慣は、そう簡単には変わらない。とくに天国言葉は難しかった。すぐに「ああ、疲れた」「やる気出ないな」「やんなるなあ」といったマイナス言葉が飛び出してくる。気づかないうちに、そんな言葉を口にしているのだ。

そこで、ミーティングのときスタッフ全員の前で、「俺がこれから、もしこの3つができてなかったら、ピーと言ってくれ」と頼んだ。

当然、僕はピーの嵐に襲われることになった。「ピー」「シゲ兄、ピッピーですよ」。たまらず、「またか。俺って、ほんとダメだなあ」と言えば、あちらこちらから「ピー」の音が雨のように降ってくる。

陽なた家というところは、そんな仕事なのか何なのかよく分からないような、まあのんき連中が集まった場所なのだ。

しかし、僕がほんとうに落ち込んでいたり、イライラしているときは、その雰囲気を察して、みんなの「ピー」も止む。林に人が入ったときのセミの鳴き声のようにピタリと止む。ところが、空気の読めないやつっていうのはどこにでもいる。

その日、売り上げのことで僕は最高にイライラしていた。そんなときをねらっていたかのように、アルバイトの一人が「ピー。それイエローカードですよ。ピッピー」。気がつくと、もう叫んだあとだった。

「うるせえ！　何がピッピーだ！　いちいちうるせえんだよ。ぶっとばすぞ、こら！」

「シゲ兄、自分で言っといて逆切れは悪いよ。ありゃかわいそうだ」

弟であるコウジの一言で、30分後、隅っこでへこんでいるそのアルバイトに平謝りをしている僕がいた。最初はこんなありさまだった。

誓って言うけれど、あのセミ時雨の2カ月間に、僕がスタッフにあたったのはその一度だけだ。それは3つの習慣にだんだん慣れてきたということでもある。しかしもっと大きいのは、いつの間にか店が少しずつ変わり始めていたのだ。スタッフのけんかがなくなり、知らないうちに絶妙のチームワークができている。ダラダラ働く姿を見ることがなくなり、みんな気持ちいいぐらいキビキビと動くようになった。

お客さんにも、「このお店はいいね。若い人が夢中で働く姿を見るのは楽しいよ」と、ほめてもらえるようになっていた。

驚いたことに、売り上げまで伸びていった。半年間で売り上げが1・5倍。利益率はなんと2倍にもなった。それ以降の「無敵の快進撃」の始まりだった。

笑顔とうなずき、天国言葉だけで、こんなに変わるなんて。

いったい何が起きたんだ？

その理由が、まだ分からなかった。

分からなかったが、「よし。一人さんについていこう」と僕は心に決めた。

▼二つの道がある。おまえは、どちらを選ぶ？

1カ月後、僕は実践の成果を携えて、再び一人さんの本社を訪ねた。空港まで車で1時間半の道のりをスタッフに送ってもらうあいだも、また飛行機に乗ってからも、ワクワクのしどおしだった。こんなことを書くと安っぽい小説みたいだけど、僕の東京行きをまるで祝福するように空は快晴。眼下の富士山もくっきりと見えた。

今度は迷うことなく、一人さんの本社に着いた。

前回と同じ「ゲストルーム」で、一人さんは僕の報告をうなずきながら聞いてくれた。

「がんばったみたいだな。よし、上出来だ。じゃあ、次へ行こうか。その前に一つ大切な話をしてあげるよ。ここに二つの道がある。一つは、自分ひとりでがんがん儲ける道。周りのことを考えずにがんがん行くから、あとにペンペン草も生えないんだよ。もう一つは、その人の通ったあとにきれいな花の咲くような道。シゲちゃんは、どっちの道がいい？」

「もちろん花が咲く道です」

僕は迷わず答えた。

「自分ひとり幸せになっても、みんなが幸せにならなかったらがんばった意味がないです。歩いたあとには、いろんな花が咲いてほしいです」

「そうか。それなら、俺にも教えてやれることがあるな」

「よろしくお願いします。ぜひ聞かせてください」

「その前にちょっと言ってもいいかな。もし聞く気があるなら言うけれど、シゲちゃん、いろいろな人のところに会いに行ってるんだってな」

僕はヒヤッとした。じつは東京に出たついでに、業界の成功者として有名なある人と会って、話を聞かせてもらえることになっていた。明日はそのアポがある。そのことを言われたような気がして、あわてて言った。

「いや、会いに行っているというか、たまたまなんです。たまたまアポイントがとれたんで」

なんだか言いわけじみているのが自分でも情けなかった。

「ああ、そう。約束があるんだ、よかったね。何度も東京へ来たら、飛行機代もかかるよ。一度ですむならそれがいい。俺はべつにいけないと言っているんじゃないよ。多くの先輩に会って勉強するのはいいこと。ただし、一つ問題があるんだ」

一人さんが何を言おうとしているのか、僕には見当もつかなかった。

▼徹底的に学んで、とことん実行してみろ

「みんな、正しいことを言うよ。世の中には正しいものがいくつもあってね。どれか一つだけ正しくて、ほかは全部間違っているなら簡単なんだよな。それなら、正しいのを見つければいいんだけど、世の中はそんな単純じゃないよ。それぞれみんな正しい。そして、正しい意見をいっぱい聞いていると頭がこんがらがってくるんだよ」

「頭がこんがらがってくる？　……ですか？」

びっくりして友達語になってしまったので、ぼくはあわてて敬語をくっつけた。

「そう。正しいことで、頭がいっぱいになってね。だから、いろいろ学ぶんじゃなくて、ここって決めたら、その人のところに行って徹底的に学んだほうがいいんだよ。いろいろなところへ行っていたら濁っちゃうんだ。参考書だって、たぶんそうだろ。何冊もかじるより、自分に合ったものを1冊選んで、それを徹底的に勉強するほうがいい。俺は中学卒業だからよく知らないけど、そういうもんなんだよ。これぞという師匠を決めて、その人をモデルにして、徹底的に勉強するほうが早いん

だ」

「でも、ひとつに偏ったらバランスが悪くないですか」

相変わらずノー天気な4回戦ボーイだった。ボクサーだって、ひとりのトレーナーについて練習するじゃないか。自分のタイプにあったトレーナーについて徹底的に学ぶ。いろいろな人からファイトのコツを教わっても、たぶん迷いが出るだけだ。

「人間なんて、しょせん偏るんだよ。偏らない人間なんてつまらないんだ。おまえらのような、これからってやつがバランスなんか考えてどうする」

僕は、何も返事ができなかった。バランスなどときれいごとを言っている自分の甘さをズバリと指摘された気がした。こう答えるのが精一杯だった。

「そう言われると、ホントにそうですね」

「なにも俺の言うことだけ聞いてろ、ってことじゃないよ。みんな正しいんだから、他にこれと思うのがいたら行けばいいよ。ただ、そのときも素直になって、その人を徹底的に学んだほうがいいんだよ」

そのとき僕は、まるで何かに駆られるように言った。

「一人さんを徹底的に勉強させてください」

道は開けるノート

この人と決めたらフラフラせずに、その人から徹底的に学ぶ

なぜだろう。いまでも不思議だ。一人さんに教えてもらった通りにやったら、店がうまくいきだしたこともあるかもしれない。しかし、それだけじゃない。一人さんの話に引き込まれて、この人の言うことは信じてやってみようという気になった。一人さん独特のオーラのせいだろうか。それとも僕みたいな若造に本気になって話してくれる器の大きさだろうか。いずれにせよ一人さんの不思議な魅力に惹かれて、「教えてください」と言った。

「でもね、もっといい師匠が見つかったら、いつでもそっちへ行っていいよ。シゲちゃんが幸せになれれば、それでいいんだから。けど、もし俺の考え方を知りたいなら、そのあいだは徹底的に勉強しな。その覚悟があるなら、これから話すよ。長くなるかもしれないけど、斎藤一人流『道は開ける』だ。これをとことん実行してみ

な。そして、シゲちゃん、もうひとつ俺からのお願いがある」

その時の僕はもう何でも言うことを聞こうと決心していた。

「もしこのレクチャーでおまえがうまくいったら、みんなにそれを伝えていってほしい。そして伝えるということを頭に置いて話を聞いてほしいんだ。その方が自分の身になるし、幸せな人が増える。約束できるかな？」

「します。絶対に伝えます。よろしくお願いします」

「ははは、そんなに力まなくていいよ。頭に置いてくれてたらいいんだ。さあ始めようか」


これが「道は開ける」のレクチャーの始まりだった。江戸川区の本社で、旅先の宿で、また講演の帰りがけ、陽なた家へ遊びにきてくれたとき、いきなりレクチャー開始となる。そのたびに僕は、あわててバッグからICレコーダーを取り出す。いつの間にかレコーダーは、僕にとってなくてはならないものになっていた。

第1章

魅力を上げれば道は開ける

▼人間として魅力をつけるのが最初

「じゃあ、始めようか。『道は開ける』の第1章は魅力の話だよ」

一人さんのレクチャーはいつもこんな具合にいきなり始まる。僕はあわててレコーダーを取り出し、スイッチを入れた。

「魅力さえあれば、たいていのことはうまくいくって前に言ったよね」

「一人さん、それを聞かせてもらってからずっと考えてたんです。どうしてだろうって。魅力がありさえすれば、何をやってもうまくいくのはなぜですか」

「まあ、聞きな。シゲちゃんは商売してるから、とりあえずお店の話をするけど、この話はみんなにあてはまることだよ。よく聞いておきなよ。シゲちゃんも飲食店の人間だから、お客さんにうまいものを食べてもらおうと努力してきたよな」

「はい。けっこうがんばりました。……と思います」

最初にあまりにもガツンとやられたトラウマでそう謙虚に答えた。だがそれはほんとうだ。開業前には有名なチェーン店にも修業にいったし、自分のオリジナルな味を出そうと試行錯誤を繰り返した。店をオープンしてからも、お客さんをうならせたくて、いろいろな工夫を積んできた。僕はちょっとずつ一人さんの反応を見ながら、そのことを一人さんに話した。

「そう、そういう努力は誰でもするんだよ。ラーメン屋だったら、ツユのダシを工夫したりな。サラリーマンも仕事能力を高めようとビジネス書を読んだり、学校の先生なら授業法の研究をするよ。女の子は、いい服を着て自分の商品価値を高めようとする。ある人たちには、学歴とか資格が付加価値だったりするよね。でもな、魅力のなさはそれだけじゃ補えないんだよ」

「ええ、わかる気がします」

魅力。僕も魅力は欲しい。でも真正面から「人間には魅力が大切」と言いきってくれる人はそうそういなかった。聞きたくても聞けない話だったので、正直どんな話が始まるのだろうとワクワクしていた。おそらくあの時の僕は、無意識のうちに机に前のめりになっていたと思う。

「いいかい。料理屋はうまいものを出せばいいというところに落とし穴があるんだ。仕事能力さえ高ければいいというところに落とし穴があるんだよ。自分に魅力をプラスして、それでいい料理を出そうっていうのならいい。けど、商人として笑顔の研究もしないで、食べ物にいくのは逃げだと思うんだよ。自分に魅力がないのを別のものでプラスしていこうとしているわけだから。そうじゃないだろ。店をやるにもサラリーマンやるにも、また先生やるにもな、まず人間として魅力がなくちゃいけないんだよ。魅力もないのに、シャネルやエルメスで飾ってもなあ」

「逆にみっともないですね」

「味のみで勝負」と言い切る無愛想な店の大将、電車の中で二人分陣取って一生懸命化粧をしているお姉さん、この話に当てはまるたくさんの人が頭をよぎった。

「そうだろ。これは魅力さえあれば、食べ物がまずくてもいいという話じゃないよ。魅力ある人間がつくれば、たこ焼きだって、お茶漬けだって、絶対にうまいんだよ。だって、お客さんに少しでもおいしいものを食べてもらおうと考えるじゃない。そんなことも考えないんじゃ、人間としての魅力がないものな。だから魅力さえあれば、何やってもうまくいくんだよ。人間としての魅力をつけることが第一なんだよ」

一人さんはそこで言葉を切って、僕に言い聞かすように付け加えた。

「つまり商売は何をやるかじゃなくて、誰がやるかなんだよ」

一人さんの話を聞いていて、僕はだんだん心配になってきた。不安になってきたといったほうがいいかもしれない。思い切って、それを聞いてみた。

「あの、ちょっと自信ないんですけど聞かせてもらっていいですか？」

「うん。どうした？」

またヘビー級のパンチが来るかも。僕はよける方法を考えながら恐る恐る聞いてみた。

「魅力って、僕にはありますか。どうか正直に言ってください」

「じゃあ、遠慮なく正直に言わせてもらうよ。世の中に魅力のないやつっていないんだよ」。ホッとしてる僕に一人さんはこう続けた。

「魅力がないとしたら、魅力が出ない育て方をされちゃっただけ。人間っていうのは神様がつくったものだから、誰だって絶対に魅力があるんだよ」

よかった。ちょっと、いや、だいぶ安心して質問した。

「じゃあ、どうしたらその魅力を出せるんでしょうか」

「今回はそれをじっくり話すよ」

▼魅力の根本って、「また」だよ

「どうでもいい話だけど、俺が事業家になったきっかけの一つって映画なんだよ。『麗しのサブリナ』っていう映画を見たことあるかい？」

「いえ、ありません。いつごろの映画ですか？」

「俺のちっちゃいころの映画だから知らなくても無理ないな。古いやつだと500円ぐらいで売ってるらしいよ。俺は子供のときその映画を見て、事業家になろうと思ったんだ。オードリー・ヘップバーンって、いい女がいてな。二人兄弟の弟の方に惚れているんだ。その弟が色男でな。事業家のあんちゃんのほうはハンフリー・ボガートがやってるんだけど、だんだんあんちゃんの魅力が出てくるんだよ。そうすると色男なんかイチコロだよ。人の魅力ってああいうもんだな。足が長いだとか、顔がいいとかっていうもんじゃないんだよ。こいつ魅力あるなって。これっていったい何なんだろうって。謎のように引っかかってね、ずっと考えてきたんだよ」

「それ分かります。必ずしもイケメンばっかりがモテるわけじゃないですもんね」

一人さんが、ヘップバーンの映画を見て事業家になりたいと思ったというのは驚きだった。しかしそれより僕の心に響いたのは、一人さんも魅力とは何だろうとずっと考え、それを追求し続けてきたことだった。

「フェラーリに乗ってるとか、ブランドの服着ているとかは、人間の魅力の中で人が思ってるほど大きなものじゃない。バカでかい家やビルを建てたなんて、そんなもの俺はカッコいいとも、魅力だとも思わない。俺な、魅力って何だろうと考えに考えた末に出した結論があるんだよ」

「なんですか?」

僕はさらにしっかりとペンを握りしめ直し、身を乗り出して聞いた。

「聞きたい?」

「めっちゃ聞きたいです」

「ちゃんと聞く?」

「ちゃんと聞きます。反論もしません」。テレビ番組のいいところでCMに入ったときのように、足がむずむずして「うあーーー」と叫びだしたい気分だった。
一人さんは胸を張ってしっかりと腕組みし直して言った。

「魅力ってのは『マタ』だよ」
「はい?」

マタ? 頭に10個くらいのはてなマークが出てきた後、僕は足と足の股のことを想像した。
「ははは。おまえの好きな股じゃないよ。まあそれも男にとっちゃ大きな魅力かもしれないけどな。俺が言ってるのは『また会いたい』『また行きたい』『また聞きたい』これしかないんだよ。同じ年を取るんだったら、ああいう親父になりたいなとか、いつまでもガキンチョみたいなことを言っていて、ああいうのいいな、またあの人に会いたいなって。そこだと思うんだよな」

そりゃそうだ。現に僕自身が一人さんのその魅力で「また会いたい」症候群に取りつかれて九州から出てきてるのだから。

「その『また』を追求しながら自分を磨きあげていけば、どんなことでも成功するんだよ」

「何をやってもですか？」。僕は聞き返した。

「そう、何をやってもな。だからね、儲からないっていう人にいつも言うんだよ。居酒屋でも美容師でも営業マンでも、あなたたちは『また』を追求していますか。あなたの店に、また来たくなりますかって。あなたに、また会いたくなりますか。それだけに、そこだけに、一点集中してくださいって」

「また……。すべての基本なんですね」。違うマタを考えちゃった自分の気を取り直し、再び座り直し、表紙に「斎藤一人の『道は開ける』講義」と書いたノートにメモを取った。

道は開けるノート

魅力とは『また』である

一人さんはちょっと力強くこう続けた。

「だって、トヨタでもホンダでも、どんな大きい会社でも、また買いたいと思われなかったら、どうしようもないよな。どんなに大きくなっても、どんなに小さいヤキトリ屋でも、『また』を追求していくなら伸びる。それがたまらなく楽しいんだよ。俺が集約して教えたいことはそれ。また会いたくなるには、どうしたらいいか。その方法論ってあるよ。話し方だったらこういうほうが、もっと魅力あるよ。答え方だったら、こうすればもっと魅力が出るんだよって」

「俺が聞きたかったのはこんな話だ！」。心の中でそう思いながら、僕はあらためて一人さんの魅力に引きこまれていった。

▼人を喜ばせることにすべての答えがあった

僕がここに書いているのは、一人さんの話の全部ではない。僕が聞かせてもらった話を全部書いたら2、30冊にはなってしまう。なにしろ10時間でも12時間でも、ぶっ通しでレクチャーしてくれるのだ。

「僕のためにそんなに話してくれて、ありがとうございます。でも、疲れませんか」

そう聞いたことがある。

一人さんは笑って、「話すことが楽しいから話してるんだよ」と言ってくれた。

「おれもこうして話しながら、おまえらからエネルギーをもらってるから」

僕みたいな何もない人間にも、一人さんは限りなくやさしい。でも、ときには気分転換で場所を変えたり、休憩で食事に出ることもある。その日も、「ちょっと、ドライブしようか」のひと言で事務所から出て、一人さんのハイブリッドのワンボックスカーに乗った。僕が運転させてもらった。「2つ目の信号を右な」。一人さんのナビ通りに進んでいくが、別にどこかに行くわけではない。江戸川の近辺をぐるぐるまわりながら、一人さんの話が続く。

「一人さん、初歩的な質問ですけど『魅力ある人間』ってどんな人間ですかね」

「いい質問だな。シゲちゃん、魅力にはいくつかの法則があるんだ」

ハンドルを握りながら一人さんから聞いた、その『魅力の法則』を僕は生涯忘れないだろう。

「すごく簡単なんだ。けど意外と誰も気づいてないことだからしっかり覚えときなよ」

「あ、すみません。レコーダー準備します」。僕はあわててレコーダーをポケットから取り出した。一人さんの話はふと、とんでもない核心に行くので、僕は一人さんと一緒にいるときは常にポケットにレコーダーを準備するようになっていた。

「録音入れました。お願いします」

「魅力の法則その1。人を幸せにする人は魅力が上がるんだよ。人から幸せを奪う人は魅力がなくなるんだよ」

簡単な言葉だったけど僕は言葉を失った。人間の魅力って、そこにあったのか。僕らは魅力って、いまの自分に何かをくっつけることだと思ってきた。そうじゃない。生き方だったんだ。そうか成功も幸せも、すべての答えはそこにあったんだ。

感動で黙り込んでしまった僕に、一人さんは言った。

「だってさ、さっきの『また』の話に戻るけど、自分を幸せにしてくれたり、楽しい気分にしてくれる店があったら行きたいだろ？」

「行きたいです」

「そんな人に会いたいだろ？」

「もちろん会いたいです。何を置いても会いに行きたいです」

「それが、気分が悪くなったらイヤだろ？」

「イヤですね。二度と行きません」

「誰でも自分の幸せを奪われたらイヤだよな。楽しいから、幸せだから、『また』なんだよ。また会いたい、また顔を見たいんだ。笑顔って、その方法の一つ、一番大事な方法なんだよ。なにもおかしいから笑うんじゃないよ。相手に喜んでもらいたいから笑うんだよ。相手に幸せになってほしいからうなずくんだ。人って、自分の話を笑顔で、うなずきながら聞いてもらうだけで幸せを感じられるだろ？」

「たしかにそうですね」

「だろ。この世の中って、案外厳しいよ。どんなに一生懸命がんばっても認められなかったり、否定されたりすることが多いんだな。だから苦しいんだよ。そういう人の話を笑顔で、うなずいて聞いてあげてみな。相手はそれだけで救われる。認められたように思うし、居場所が見つかったような安らぎや安心感を抱けるんだよ」

そのとおりだ。僕自身、苦しい時や行き場のない時自分を支えてくれたのは、話を聞いてくれる人だった。分かってくれる人がいるってだけで心が軽くなれた。

「そうすると、何よりもおまえ自身が一番幸せになれるんだよ。お客さんに対してだけじゃないよ。家族に対しても、職場の仲間に対しても、友だちに対しても同じだよな。魅力があるっていうのは、それをサラッとできる人間だよ」

しみじみ自分を振り返った。僕はそんなことを考えてちゃんと人に接してきたんだろうか。たくさんの人に助けてもらってきたのに、自分は人からもらうことばっかりを考えて生きてきたような気がする。うまくいかないのはそのせいだったんだ。思い当たることばかりで後悔の涙が出てきた。

その時一番に思い浮かんだのは、一番近くにいた家族、そしてスタッフたちの顔だった。

「『人が自分に何をしてくれるか』じゃなくて『自分が人に何ができるか』を考えれば、人間の魅力って必ず上がるもんなんだよな」

ずっと考え込んでいた僕が我に返り、「フーッ」と深呼吸をした後、一人さんが僕にそう言ってくれた。「自分が人に何ができるか」。僕はこの言葉をノートではなくて心の中にしっかりと書きこんだ。

道は開けるノート

人に与えれば与えるほど増え、奪えば奪うほど減る。それが魅力である

気がつけば、クルマは薄暗くなり始めた勝鬨橋《かちどきばし》のあたりを走っていた。

▼「カッコつけるな」じゃない、「カッコぐらいつけろ」

「暗くなっちゃったな。飯でも食うか」

一人さんのひと言で、僕はファミレスの駐車場に車を入れた。店に入り、端っこの方の席に座った。たくさんの人が食事をしていたが、おそらく誰一人としてこの男性が日本一の大事業家だとは気づかないだろう。僕はそんなことを考えていた。注文を取りにきてくれた店員さんに「ありがとね」と優しく言ってから一人さんは僕の方を向いて話し始めてくれた。

「ところで、シゲちゃんは知らないだろうけど、俺はおまえがやりたいことをちゃんと知っているんだ。教えてあげるからな、一生覚えておくんだぞ。おまえがやり

たいことは『男を上げる』ことだよ。みんなが憧れる男になりたいんだよ。違うか？」

もろに図星だったのだが、そうはっきり言われると何故か自分がえらくかっこ悪く思えた。

「それって、まずいことでしょうか」

「全然まずくないよ。男なんてみんなそこを目指すんだ。人はみんなカッコよく生きたいんだよ。俺はそれでいいと思っている。だからね、何をやりたいじゃないんだな。いま目の前にある仕事をカッコよくやればいい。サラリーマンだろうが、警察官だろうが、経営者だろうがね。カッコいいサラリーマン、カッコいい警察官、カッコいい経営者になればいいんだ。つまり、生きざまなんだよ」

「生きざま……」

「そう。『何をやるか』じゃなくて『どうやるか』なんだよ。そうすれば俺達だってカッコよく生きられるし、大工さんでも、板前さんでも、政治家だってカッコよく生きられるんだな」

「そうですね。うちのスタッフだって、みんなカッコいいですもん」

「そうだろ。おれも前に遊びに行ったときに見てそう思ったよ。なぜかわかるか。あの子たちはみんな一生懸命やっているからなんだ。目の前のことに集中して一生懸命だからなんだよ。よそ見するなよ。いろいろ考えるなよ。商人はお客さんのことだけ考えてればいいの。今目の前にいる人のことだけ考えてればな。ほんとにあの子たちはよくやってるよ」

おい、みんな聞いてるか？　日本一の大商人がこう言ってくれてるぞ。僕はすぐにでもがんばってくれている九州の陽なた家のスタッフたちに会いたくなった。

「みんなに早くこのレコーダー聞かせたいです。あいつらよろこぶだろうなー。でもそれって究極のカッコよさですね」

道は開けるノート

魅力はその人の生きざまに宿る

「それしかないんだよ。若い子だろうが年寄りだろうがカッコいいものはいい。カッコ悪いものは悪いんだよな。でも、忘れちゃいけないよ。完全に、すべてカッコいいとかっていうのはできないんだ。商人なら商人のカッコよさみたいなのがあるし、経営者なら経営者のカッコよさみたいなのがある。工員さんなら工員さんの、主婦なら主婦のカッコよさがあるしな。そんなことだと思う。そう言えばみんなは元気か？　もう淋しがってないか？」

スタッフたちが淋しがる——。その言葉で思い出すエピソードがある。

僕は3年前に1冊目の本を出させてもらった。そのとき一人さんにあることを忠告された。「現場を忘れるなよ」ということだった。何のことか意味がわからなかったけれど、やがて一人さんの先を読む力を思い知らされることになる。というのは、僕の本が予想外に好評で、たびたび講演に呼ばれるようになったのだ。一人前の講演家になったような錯覚をして、浮かれて東京や大阪で講演しまくっていた。

僕の本拠地である陽なた家のほうは留守にすることが多くなり、だんだん店のコミュニケーションやチームワークがとれなくなってきたのだ。スタッフからも不満が出た。

「みんなシゲ兄のために働いているのに、これじゃ何のために働いてるのかわからない。モチベーションだって下がっちゃうよ」

思いがけない展開に僕はショックを受けた。

一人さんに相談すると、「だから現場を忘れるなと言っただろう」と叱られた。

「店もうまくいってないのに何が講演だ。店がうまくいっていないのに店作りの講演したり、儲かってもいないのに経営術を話してまわっている人もいるけど、そういうのっておかしいよな。いいから、おまえは現場へ帰るんだ。自分の原点を思い出してみな」

ガツンと頭を殴られた気がした。さっそく僕は大分に引っ込み、毎日たこ焼きをクルクルまわし続けた。

道は開けるノート

事件はいつも現場で起きていると心得る

ありがたかったのは、たまたま僕がいない時に、一人さんがわざわざ大分まで来てくれて、スタッフにこんな話をしてくれたことだった。それを後になって妻であり、陽なた家のおかみである寿美から聞いた。話はこうだった。

「シゲもダメだけど、おまえらもだらしないよ」と。

「なぜ『ここは大丈夫だよ。シゲ兄はそっちでやりたいことをやってよ』って言えないんだ。これを言える部下が一番カッコいいんだぞ。いいか、社長には社長のカッコよさがあるし、部下には部下のカッコよさがある。『ここは僕が任されたんだから、任せてください。社長が来なくたって、僕たちは立派にやっていますから』っていうのが、使われている者の誇りと意地なんだよ。『シゲ兄、好きなことを存分にやってくださいよ。絶対恥かかせるような仕事はしませんから』と言ってみな。そうすると、人ってカッコよく生きられるんだよ。魅力が出てくるんだよ」

僕は涙が出そうになるのをこらえて寿美の話を聞いた。

しばらくして、統轄店長のサトシから、「シゲ兄、こっちは大丈夫だから安心して講演でも何でもやってくださいよ。こっちはおれたちがしっかりやりますから」と言われたときは、もうむちゃくちゃ嬉しかった。陽なた家が本当の意味で磐石になり、軌道に乗り出したきっかけは一人さんのあの一言だったと思う。

そんなことを思い出しながらハンバーグをほおばっている僕に一人さんはこう続けた。

「カッコよく生きると気持ちいいんだよ。誇りを持てるしな。格好ばかりつけるなって言うけど、そうじゃないよ。格好ぐらいつけろ、って。この世の中、格好ぐらいつけないでどうするんだ。ここで、こういうことを言ったらカッコ悪いなとか、ここでこういう行動を取ったらカッコ悪いなって、意外に大切なんだよ」

▼女にモテないって、問題があるよ

食後のコーヒーを頼み、講義は続いた。

「魅力って最初は異性にモテたいとか、そのあたりから始まるよな」

「よくよく考えるとそうですよね。じつはうちでは仕事前の全体ミーティングでときどき、いい男の条件とか、いい女の条件って何だろうって話し合ったりするんですよ。よくいろんな人から『仕事場でそんなことを話し合うなんてふざけてる』って怒られたりもするんですけど」

「それ、いいね。嬉しいね。だって、女性はみんな、いい女になりたいんだよ。男はいい男になりたいんだよな。それで、女性には失礼かもしれないけど、女性は男にとって天が与えてくれるご褒美なんだよ」

「ご褒美ですか」

「いやいや、わざわざメモらなくてもいいから」

書き込みこそは止められたが、僕のワクワクは止まらなくなっていった。建前ではなく、こんなことを言ってくれる大人に会いたかった。心の中で一人さんに拍手しながら、僕のテンションはスーパーハイになっていた。

「人生って、自分がいけそうなところでワッセワッセやるゲームなんだって。どの業界でもいいから上によじ登っちゃえば、最低でも今よりは必ずもてる。こんなこと言っちゃったら怒られるかもしれないけど、それって真実だよな」

「なんていい話なんだろう」。それはついつい僕の心から出た言葉だった。

「面白いから、いっちょやってみようかってがんばる。おかしいよね、男って」

そう言いながら一人さんは笑った。その隙にぼくはこっそりメモを取った。

道は開けるノート

山のてっぺんには女神さまが住んでいる

一人さんが言うように、人間が一生懸命働いたり、がんばって上を目指したりする根本のところには、「モテたい」とか「カッコよく生きたい」「愛する人を幸せにしたい」というような、とても素朴なものがあるのだろう。少なくとも僕や陽なた家のスタッフたちはそうだ。しかし世の中では、そういうことを言うとレベルが低いように思われる。なんでみんなもっと正直に語らないのだろう。それを成功論や経営論まで高めないんだろう。僕はそこをずっと疑問に思ってきた。

そんなことを考えていると一人さんが、こんな話をしてくれた。


「シゲちゃんも結婚してるよな」

「はい。地元の幼なじみと結婚しました」

「いいかい、女の人にはお金がかかってるんだよ。ものすごく親が金をかけたんだってわかっていなきゃダメだよ。この女の人はすごい金額なんだって。それが自分についてきてくれたんだっていう感謝がみんなないんだ。値打ちが分からないから惚れられないんだよ。その値打ちが分からないやつに、女が惚れるわけがない。惚れるって命がけだからね。人を愛するって命がけだよ。なにもかもいらなくなっちゃうぐらいになるのが惚れるってことだよな。そうしたら、『悪いな、おまえ、せっかくついてきてくれたのに、なにもやってやれないけど、俺、がんばるよ』って。そうすると不思議とお互いががんばりだすんだよ。そこからいろんなことが開けてくる、見えてくるんだ。最終的には男は女に育てられるもんなんだ。これって大切なことだぞ。だから、よく自分みたいに、何もないやつについてきてくれたなって。それが分からなくちゃ、女と付き合っちゃダメだよな」

道は開けるノート
結局のところ男は女に育てられる

「僕が女だったら、きっとそういう男をカッコいいと思いますね」

「だから女から見て魅力のない男って、問題あるぞ。女がこんなにいっぱいいるのに、誰も自分に惚れないっていうのは問題がある。ここが問題なんだってとらえないとダメだな」

「そういえば、女にもてない人って、仕事に力が入ってない人が多いですよね」

「そうだろ。男は一生懸命生きていれば大丈夫なの。よく聞いておきなよ。ちゃんと働かないでご褒美だけ手に入れようとか思っちゃいけないんだよ。『働かない男は白飯といい女は手に入れられない』って言葉もあるくらいなんだからな」

「はい。肝に銘じておきます」

道は開けるノート
働かざる者食うべからず

「俺、こういうことを言うと怒られるんだよ、女は物じゃないとかって。でもこれは男の論理だし、おまえは男だから俺は言いまくるよ」

「はい、思いっきり言ってください」

その僕は弟子ということをまったく忘れ、ただ一人の男としての後輩になっていた。

「だって、いい女ってそうなんだよ、引く手あまたなんだから。その中で誰を選ぶか。選ばれるか。じゃあ、自分が早いうちに選んじゃって、大した女じゃないのと一緒になっちゃったとするよ。ところが、自分が上がると女の人ってきれいになってくるんだよ。不思議なんだよ。おまえがいい男かどうかっていうのは、嫁がどんどんきれいになるかどうかにかかってくるんだよ」

僕は九州で何も不満を言わず、一生懸命子育てと陽なた家のおかみとしてがんばってくれている、妻である寿美のことを考えていた。

「自分が作業着を着ていようが、なにしていようが、いい女ってのは男の本質を常に見てるんだよ」

「肝に銘じます」

「女を見ればその人の器量がだいたい分かるよ。どんな大企業の社長だって、女房を見ればだいたい分かるし、連れている女を見りゃ分かるんだ。だから男は女にモテなきゃダメだと言うんだよ。これは俺たち男の必達の命題だからな」

「はい！」。いつも以上に元気な声で返事をした。おそらく僕は満面の笑みだったとおもう。

道は開けるノート

連れている女性を見れば 男の器量が分かる

「言っとくけど、なにも浮気しろとか言ってるんじゃないんだよ。誤解しちゃダメだよ」

「あ、はい」

調子に乗りまくっていた僕は我に返った。

「俺が言ってるのはそういう意味じゃない。人が会ったら惚れられるくらいの男にならなきゃダメなんだって言ってるんだ。この世の半分は女性なんだから、それが惚れてくれないっていうのは大問題なんだよ。そこをもっと真剣に考えなきゃな。そう思うと、いろんな改めることがいっぱいあるから。女性に対する考え方だったり、仕事に対する考え方、またこれまでの生き方だったり、いろんなことを反省しなきゃダメなんだ。それで異性にモテるようになる、これは大切なことだよ。さあ店を出ようか」

▼魅力の一つって、自信と優しさだね

あたりはすっかり暗くなって街の灯がきれいに見えだした。「今度は俺が運転しよう」。そう言って一人さんが運転席に乗った。僕は助手席でレコーダーとノートを持って話を聞いた。「道は開ける」のレクチャーが続く。

「魅力の法則の2つ目を話そうな。1つ目は人に与えること、そして2つ目は自信だな」

「自信ですか」

「そう、自信。例えば飲食店でも『この料理に自信があります』って、自信満々だから、おいしそうに見えるんだよ。商売がうまくいかないのは、実力がないんじゃないんだよ。自信なさそうにしているから、うまそうに見えないんだよ。だから頼む気にならない。サラリーマンだって、自信なさそうにしていたら仕事を任せる気になれないんだよ。坂本龍馬でもなんでも自信満々だったんだよ。実力じゃないん

だ。薩長をどうやって結び付けようかって、自信満々出かけていったんだよ。あの自信に人は動くんだよ。だから、自信があるように見えなきゃダメなんだよ、わかるかい？」

「はい。自信を持つこと」

僕は後で分かりやすいようにＩＣレコーダーに大きめな声で吹きこんだ。

「態度、物腰、髪型、服装、みんな自信満々に見えなきゃいけないんだよ。本当にあるかどうかは別として、そう見えるようにふるまうんだよ」

実力じゃないんだと一人さんは言った。自信たっぷりに見えなければいけない。でも、自信たっぷりに見えるためには、努力しなくちゃならないだろう。相当がんばらなければ、自信たっぷりには振る舞えない。それがきっと実力をつけていくんだと僕は解釈した。そういう覚悟で、僕は「心がけます。がんばります」と答えた。

道は開けるノート

魅力とは自信である

「でも残念ながら、自信のあるやつって横柄なのが多いんだよ。自信があって、なおかつ優しいっていうのが魅力なんだよ。だから自信満々じゃなきゃダメなんだよ。それで会ってみると横柄さがない、このギャップなんだよ、これを広げるんだよ。この差を広げて広げていけばいくほど、魅力が出てくるんだよ。だから魅力の法則その３はギャップ。自信があるのに威張らない。強い人なのに弱い人を大切にする。それが本当のサプライズになり魅力になるんだよ」

一人さんがどうして魅力的なのか、その一端がわかったような気がした。日本一の高額納税者なのに、どこにでもあるようなごく普通の事務所でパートさんたちと一緒に働いている。みんなで飲みに行っても決してエラそうにしない。飲みに行くのも近所の居酒屋だ。一人さんのお皿に平気で手を出して、つまみの焼き鳥をみんなで食べてしまう。隣の席で飲んでる親父さんが、この人が日本一の実業家だと知ったら、それこそ驚くだろう。

「いいかい。話は戻るけど、人は自信があるのは嫌じゃないんだよ。威張っているのが嫌なんだよ。だから、自信があって、威張らなくて、優しきゃいいんだよ。これもやらないで女にモテようなんて、とんでもないんだよ。どこへ行ってもそうなんだよ。だから常に、自分が威張らないで、自信満々に見えて優しい。そうすると、だんだん出世してくるんだよ。自分の地位が上がってくるんだよ。上がっても自分の態度を変えずに、こう行くと、この落差がうんとあればあるほど、ギャップが出て魅力が上がるんだよ」

道は開けるノート

魅力とはギャップである

「でも、どうしてみんな威張りだすんでしょうね。お金持ちになったり、経営してる会社がうまくいきだすと、威張りだす人が多いのはなぜなんでしょうか」

僕の周りにもそんな人はたくさんいた。26歳で経営者になった僕は、経営者としての会でも、どこに行っても下っ端扱いだった。一人さんみたいに威張らずに僕を人として扱ってくれる人はほとんどいなかった。その人たちの顔を思い出しながら一人さんの話を聞いた。

「男って、金を持つとどうしても威張っちゃうんだよ。なぜかっていうと、威張った社長しか見たことないから、金持ちは威張るものだと思い込んじゃってるんだよ。シゲちゃんはそれだけはやめなよ。だって若いときは自分だって、そういう人見て嫌だって思ってたんだろ？　金がないとき嫌だと思ってて、自分が金持ったとき同じことしてたら、それは同じ人間じゃないか。それだったら、人のすること批判する資格ないよね。人間って苦労することもあるし、嫌な思いをすることもあるんだよ。そのとき、こんな嫌な気持ちなんだから人にやるのはよそうと考えるのか、俺も苦労したんだからおまえもしろっていうのか、それだけの違いなんじゃないかと思うんだよ」

一人さんは、僕に言い聞かせようとするようなそれまでの口調を変えて、しみじみとした調子でこんなことを言った。

「最近いろんなところで講演会やってるから、メールが来るんだよ。そのメール見てると、一人さんがあまりにも謙虚で優しい人だったから驚いたって言うんだよね。金持ちなのに威張らないからびっくりしたって言うんだよ」

「その人の気持ちはすっごくよく分かります。一人さんは見た目ただ者じゃなくカッコいいけど、話してみると謙虚で優しいですもんね」

「俺、顔を出さないから、おじいちゃんだと思ってる人もいるんだよ。ははは」

「漢方の社長で納税日本一ですからね。その実績なのにこの若さってのも大きなサプライズですよね」

「うまくいってもただ威張らない。こんな簡単なことで偉いですねって言われて、ありがたいことだよ。ずーっと変わらないだけなんだもん。俺は昔も幸せだったし、今も幸せなんだよ。俺、ずーっと同じなんだよ。同じなだけで喜ばれるんだよ。するとこうしてシゲちゃんみたいに日本中からいろんな人がきてくれて、楽しいんだよ。俺はすごく得してると思ってる。こういう生き方、最高だと思ってるんだよ」

道は開けるノート

成功しても態度を変えない

気がついたら最寄りの新小岩駅に着いていた。車を止めて、最後に一人さんはこう言ってレクチャーを締めくくった。

「だからおまえもずーっと同じにしてな。金持つ前と同じにしてりゃ、それだけでいい人って言われるんだよ。こんなラクなことないじゃない。急に変身なんかしたって、うまくいきっこないんだよ。人は自分を大きく見せようとするけど、人間の目方《めかた》って、そう変わるもんじゃないんだよ。今日は楽しかったな。またがんばって結果聞かせてくれな」

「めっちゃくちゃ楽しかったです。ありがとうございます。僕、九州でがんばってきます」

「おー、また今度会えるのを楽しみにしてるよ」

そう言って一人さんの車は走り出した。だんだん小さくなっていく車のテールライトを見ながら、僕はワクワクが止まらなかった。今すぐにでも誰かに電話して伝えたい気分だった。でももう明日は九州だ。みんなにどう伝えようかな。そんなことを考えてワクワクしながら電話したい気分を抑えて僕は総武線に乗った。

▼一本桜を目指せ

一人さんの魅力の話で、僕の人生を変えた一言がある。

事業がうまくいきだし、東京への出店やチェーン店化のオファーが舞い込み始めた時期だ。腰の据わらない僕は、迷った末に東京進出を相談した。「中津という人口8万ちょっとの田舎町で商売するより、東京で勝負してみないかと言われて、どうしようかと悩んでいるんです」と、正直に言うと、一人さんから「本当にそれをやりたいのか」と聞かれた。僕は言葉に詰まってしまった。自分は本当に東京へ進出して、事業を一気に拡大したいんだろうか。

すると、「俺だったら、ということで話していいかい」と一人さんが言った。

「俺だったらということで話すけどね、京都あたりだったと思うけど、山の中に一本のそれは見事な桜の木があったんだよ。満開になるころには、山の上まで人が上がっていくんだよな。遠いとこからも、その桜を見にやってくるんだよ。山の中に道ができて、やがて縁日が立ち、店もできて賑やかになる。魅力ってそういうものなんだよ」

目からウロコが落ちるという言い方があるけれど、あのときの僕のようなことを言うのだろう。それまで勉強し信じてきた飲食店成長セオリーが、一人さんの言葉でひっくり返ったような気がした。

道は開けるノート

人がわざわざ見に来るような一本桜の生き方もある

「魅力的な人って、相手から見て魅力的かどうかなんだよ。東京に店を出して、大阪に店を出すって、魅力のないやつが店なんか出したって潰れるだけだぞ。魅力があればなんでも解決するんだよ。魅力を作ってから出ていきゃ、百戦百勝。たちまち抜いちゃうんだよ。魅力のあるやつの勝ちなんだよ。魅力競争なんだよ、今は。そんなものだよ。魅力のあるやつには絶対勝てないんだよ」

一本桜の話を聞いた瞬間、「その生き方で行きたい」と思った。店をいっぱい出すのもいいけれど、人がわざわざ訪ねてくる店を僕は目指そうと。自信があったわけではない。それは理想で、現実は厳しいだろうとたくさんの人に言われた。しかし一人さんに言われたように、お客さんを喜ばせるために知恵を絞った。そのおかげで今は人口8万の町でやっている僕の店に、県外から年間1万人の人が訪ねてきてくれるようになった。一人さんのいう一本桜に、少しは近づけただろうか。

第2章

出会いを活かせば道は開ける

▼目の前にいる人が一番の財産だ

一人さんの教えを受けて4年半。おかげさまで全国各地で講演活動をさせてもらえるようになったのと同時に、たくさんの人がわざわざ陽なた家に来てくださるようになった。僕が中津にいる時は必ずお会いさせていただくようにしているのだが、その時によく「なんでこうして会ってくれるんですか?」とよく聞かれることがある。それは一人さんの教えと生き方を基本にしている。人と会う時の心構えだ。僕はこの教えのおかげでたくさんの出会いがあり、道が開けた。これは必ず多くの人の役に立つ教えなので紹介したい。

秋も深まりキンモクセイの匂いがし始める2005年の10月、東京江戸川区、第1回のレクチャーの結果報告資料を持った僕は例の一人さんオフィスにいた。2回目の「道は開ける」レクチャー、テーマは「出会いの話」だった。

今日はどんな話だろうとワクワクしながら待っていた僕は、出会いがしら一人さんに「シゲちゃん、まだいろんな人のとこへ行ってるの?」と尋ねられた。

そのころの僕は、もう一人さんをお師匠さんとし、人生のモデルとして徹底的に学ばせてもらおうと思っていたから、いろいろなセミナーや講演会に参加して講師と知り合いになったり、業界の成功者と会って話を聞きたいという、以前の「出会いたい病」はなくなっていた。しかしあらためてそう言われると、やっぱり耳が痛かった。

それにしても人は、なぜ「素晴らしい出会い」を求めるのだろう。それはおそらく新しい誰かと出会えば、何か自分が成長できるように思うからだと僕は思う。新しいコネができて人脈が広がれば、それだけ自分の可能性も広がるように普通は考える。けれど一人さんは、「そんなものはいらないよ」とはっきり言うのだ。

「コネって、日本語でいえば縁だよな」

「あ、なるほどそうですね」

言葉って本当に不思議だ。『コネ』というとなんかビジネスの利害関係つながりっぽく聞こえるが、『縁』に置き換えるとスッと入ってくる。

「俺たちにとって最高の縁って、いま目の前にいる人なんだよ。シゲちゃんにとっては陽なた家のスタッフ、そして来てくれるお客さん、一番近くにいてくれるその人たちを心から大切にしていれば、道っておのずから開けるよ」

「はあ……」

『出会いたい病』こそなくなっていた僕ではあったが、それだけで道が開けるようにはどうしても思えなかった。それじゃいつまでたっても埒があかない。そう思った。

「目の前にいる人さえ大切にしていれば道は開ける……ですか」

「何か引っかかるかい？　疑問があったら何でも聞いていいんだよ」

その言葉に背中を押され、思い切って聞いてみた。

「目の前の人が大切ってのは分かるんです。でも僕らがもっと成長するには、日常では味わえない刺激も必要だと思うんです。いろんな人と出会って刺激を受けたり、自分にないものを吸収していくことも大事じゃないですかね」

一人さんはうんうん、とうなずきながら「普通はそう考えるんだよな」と言った後こう続けた。

「いいかい。人は誰もがみんな大きなものを狙おうとして失敗するんだ。足元を見て、自分にできそうなことを一つひとつ積み重ねていく、それが成功の道なんだよ。成長っていうけど、そんな縁もゆかりもない人と会って、どうして成長できるんだい？」

でも……が心の中を駆け巡った。現にこうして今僕は一人さんとの出会いがあっ

てたくさんのことを学ばせてもらっている。やっぱり出会いって大切だと思う。僕

はその思いを一人さんに伝えた。

「確かに今、俺はこうしておまえの前にいるよ。でもここに来る前に、読書のすす

めの清水君がいて藤本のテル社長がいて、そういった人たちがここに導いてくれた

よな」

「はい」

テル社長とは、中津市にある米屋、「藤本商店」の社長で、僕に一人さんや清水

さんとの出会いのきっかけを作ってくれた大恩人のことだ。

「その人たちはおまえの店を見ておまえを応援してくれてるんだよ。もちろん俺だ

ってそうだよ。その店を作ってるのは誰だい？」

「スタッフたちです」

「そう。おまえについてきてくれたあの若い子たちだよな。もとをただせばそのス

タッフたちが活き活きしてなかったら、この出会いは始まらなかったんだよ」

スタッフを活かす↓いい仕事をする↓口コミが起きる↓店にたくさんの人が来てくれるようになる↓来てくれた人を大切にする↓その人たちがさらに人を連れてきてくれる↓必然的に出会いが増える。一人さんの言葉でこのサイクルが頭の中に浮かんだ。

よくよく考えると元は僕の目の前にいるスタッフたちだ。一人さんの言っている意味がだんだん分かってきた。

「出会いっていうのはな、何も遠くの人に会いに行くことなんかじゃなくて、日常で目の前にいてくれる人、来てくれる人を大切にした時に向こうからやってくるものなんだよ」

「向こうからやってくる……」

「そう。今目の前にいる人に自分の力を出し切って喜んでもらうんだよ。前回言ったけど人に与えると何が増えるって言ったか覚えてるかい？」

「魅力です」

ここに来る1カ月の間、何回も何回もレコーダーを聞き返し復習していたのでスッと出てきた。

「よし、ちゃんと覚えてるな。魅力さえ上がれば、必ず口コミが起こってくるんだよ。そこなしに、ただただ人と出会ったってそれほど得るものはないし、第一出会った相手にだって引っかからないんだよ。印象に残らないんだよ。芸能人に会って喜んでるファンじゃあるまいし、おまえは商人なんだから、目の前に来てくれた人を大切にする。それが仕事なんだよ」

道は開けるノート　出会いは遠くではなくて今目の前にある

「すごい人とは会わない方がいいってことですかね？」

「それはちょっと極端な受け取り方過ぎるな。もうちょっと冷静な心で聞きな」

ハッとした。僕の悪い癖が出てしまった。いつも百かゼロで考えてしまうのだ。そこを一人さんにズバッと指摘された。しかし一人さんはどんなに厳しいことを言う時も笑顔を崩さない。それがなおいっそう言葉に重みを付けるのだ。そのたびに僕は背筋がピンと伸びる。

「まあ、自分より成功した人と出会えば知識はたしかに増えるな。でも、それぐらいなら本を読むだけで十分なんだよ。目の前の人に喜んでもらおうと本気で付き合っていくなかで人は考え方をあらためたり、いままでの生き方を変えながら成長していくんだよ。笑顔が足りないなとか、もっと相手を幸せにするにはどうしたらいいだろうとか。本当に自分を成長させてくれるのはそこなんだと思うよ」

それ以上僕は何も言い返せなかった。というよりも一人さんの言葉が効きすぎて心が痛くなっていた。振り返ってみれば、僕を成長させてくれたのは、いつも家族だったり、一緒に働いている仲間だった。商人になりたいと思ったときに助けてくれたり、忠告してくれたあの人、この人だった。そこに気づくと同時にそういった人たちに申し訳なさがふつふつとわいてきた。「俺は今までなんでそこに気づかなかったんだ?」。十分に大切にできていない自分自身に反省と後悔の念にさいなまれてる僕の気持ちを見抜いたように、一人さんはこう続けた。

「最近、ネコも杓子も人脈、人脈って言うよね。名刺を配って握手して、コネが広がるって思ってるかもしれないけど、あれってどうなんだろうね」

「と言われますと?」。それが常識だと思っていたので僕は再び面喰らった。

「おまえだって、『シゲと知り合ったら何かいいことがあるかもしれない』なんて思われて、名刺片手に寄って来られて嬉しい？」

「イヤです」

「出会いは目の前の人だって考えれば、商人が、ただひたすら尽くさなければいけないのは、いったい誰かな？」

「お店に来てくれてるお客さんです。そして働いてくれてる仲間たちです」

「だよな。スタッフたちが満足してくれれば『この店のために』って働いてくれて、そして来てくれたお客さんが満足してくれれば、今度は友だちを連れてまた来てくれるんだよ。ちょっと商売がうまくいくと、さらに大きくしようとして、右にならえで経営学ばかりやったり、成功者と会いたがったりに夢中になっちゃう人って多いんだけど、そうして一番大切なスタッフやお客さんのことを忘れちゃうんだよ」

はい、それは僕です。心の中でそう叫びまくっていた。ここまで来るともう心が痛いのを通り越して、半分マゾになっていた。

「考えなくちゃいけないのは、どうしたらもっと目の前のお客さんに喜んでもらえるかってこと。それだけ考えていればいいんだよ。だって、お客さんがもっと喜んだら、もっともっと来てくれるんだよ。勝手にどんどん増える、ただそれだけのことなんだよ。だから経営者ってのはスタッフたちが満足して働いてくれて、お客さんがもっと喜んでくれることだけに集中すればいいの」

「そう思えば、シンプルですね」

「そう、シンプルなんだよ。みんな、そういう商人の発想で生きたら、シンプルに生きられるよ。だって、学校の先生にとっちゃ、生徒が何より大切なお客さんだよな。その子たちが本当に喜ぶにはどうしたらいいかを考えればいい。政治家にとっちゃ、税金を払ってくれる国民だよ。それをどう幸せにしたらいいか、そこだけに集中すればいい。じゃあ、サラリーマンにとってお客さんは誰ですかって、それこそ給料をくれる社長だよ。その社長を本気で喜ばそうとすれば、おのずと仕事はうまくいくんだ。家庭の主婦にとっちゃ、お金を運んできてくれるダンナじゃないの？　こう考えれば、世の中ってすごくシンプル。何をしたらいいか、すぐわかるんだよ。みんな自分のお客さんは誰かが見えなくなっているんだな」

その典型的な代表選手だった僕は、気がつくとうなずきまくっていた。

「だからおまえの最高の縁って、かけ引き抜きでおまえのことを思ってくれる人たちなんだよ。家族や、シゲちゃんが好きだからってついてきてくれたスタッフ、そしてお客さんが、おまえの大切にすべき人たちなんだよ。分かったかい？」

「はい」。この短時間の一人さんの言葉で僕の頭の中の概念はひっくり返っていた。

道は開けるノート

最高の人脈とは今目の前にいる家族、仕事仲間、そしてお客さんである

「いいかい、俺たちは一生のあいだにわずかな人としか知り合えないんだ。いま日本の人口が1億2000万人ぐらいだけど、1日10人ずつ会っていってごらん。それだけの人に会うには3万3000年もかかっちゃう。それくらい人が多いんだよ。それより自分に縁のあった人と仲良くしてれば幸せになれるんだよ。知らない人にまで会いに行く時間もないし、それに使う金ももったいないし。そんなことしたってしょうがないと思う。だから俺は、いま会っている人が大好きなの。いまは、こうしてシゲちゃんと会ってるしな」

僕は一人さんと、こんなふうに会って話を聞ける幸せをしみじみ感じた。一人さ

んに会いたい人なら、日本中に山ほどいるだろう。そんななかで僕と会ってくれ、こうして貴重な時間をいただいている。本当にありがたい。

「もう一度言うよ。目の前にいる人を大切にするだけで道は開けるよ」

▼スタッフたちを変えてくれた一人さんの言葉

じつはこの話には、面白い後日談がある。

第1章にも書いたが九州に講演に来た一人さんが、中津の陽なた家まで遊びに来てくれた時のこと。それだけでも嬉しいことなのに、その晩、店のスタッフや仲間を集めて、お酒を飲みながらの、ミニ講演会を開いてくれたのだ。僕は、急きょだったのでどうしてもキャンセルできない用事があって、残念ながらその場に参加できなかった。

翌日、いつものようにみんなが開店準備を終えミーティングしているところに顔を出すと、スタッフたちの雰囲気がどこか違う。その日に限って、みんな目をキラキラさせて熱く語り合っている。テーマは「陽なた家の理念をさらに深めるには」だった。なんとなく僕は入らない方がいいかなという空気だったので、違うテーブルに座って本を読んでいた。すると頼んでもないのに、居酒屋部門の店長で、実の弟であるコウジからスッとお茶が出てきた。

「いったい、どうしたんだよ。何かいいことでもあったのか？」

コウジはニヤッと笑って席に戻った。一番そんなことをしないキャラのコウジがそんなことをしたので、気持ち悪くなってミーティングに入ろうとした僕に京介がこう言った。

「いや、今日は僕たちだけでミーティングやりますから、そこでゆっくりしていてください。ホント、いい仕事場をくれてありがとうございます」

ありがとう？　僕の目は、間違いなく点になっていたと思う。何があったんだ？こいつら柄にもなくいい子の振りをして、一体俺に何をさせようとしてるんだ？不思議に思いながら本を読んでいると、ミーティングを終えた統轄店長のサトシが僕にこう質問してきた。

「シゲ兄、俺たちのお客さんって誰か知ってますか」

「俺たちのお客さん？　そりゃ来てくださるお客さんに決まってるだろ」

「チッチッチ」。サトシは、人さし指を顔の前に立てて振り子状に振った。

「違うんですよ。シゲ兄、分かってないッスね」

「はあ？」。何言ってんだこいつは。誰相手に仕事するつもりだよ。僕は不安になった。

「まあいいや。これ宿題です。明日までに考えてきてください」


じつは前夜、一人さんが「目の前のお客さん」の話をみんなにしてくれたらしい。「おまえたちにとって、第一のお客さんは、おまえたちに働く場を与えてくれて、給料をくれる社長だよ。だから社長というお客さんを一番大切にしなければいけないぞ」と。そしてこうも付け加えたらしい。

「それは何も社長の方ばかりを向いて仕事しろとかコビを売れって言ってるんじゃないよ。社長が一番喜ぶことを一生懸命やること、つまり陽なた家に来てくれる人を全力で大切にしていくことが、みんなの一番のお客さんである社長を喜ばせることにつながるんだ。そうすることによって成長していく姿を見せていくこと。その姿を一番のお客さんである社長に見せるんだよ。社長ひとりも喜ばせられないで、千人、二千人のお客さんを満足させることなんかできっこないよ。みんな、いい商人になるんだぞ」と。

道は開けるノート　スタッフの一番のお客さんは給料をくれる経営者である

　間違っても僕が言っちゃおかしくなることを、さりげなくスタッフに伝えてくれるなんて……。ちょっと照れ臭かったが、僕はあらためて、こういうふうに陰で僕のことをそっと応援してくれる一人さんに心から感謝した。

▼人を喜ばせる、こんな面白いことはない

「この不況で、いままで働いてくれた人をクビにして、もっと優秀な人間を雇おうという経営者もいるみたいだけど、はなはだしい考え違いだよね。いまの会社はこれまで働いてくれた人がつくってくれたの。これから雇う人がつくったんじゃないんだよ。わかる？　それを縁もゆかりもない優秀な人間をわざわざ呼んできて、みんなの上にすえる気ですかって。そういうことを天は一番嫌うんだよ。いま、ここにいる人たちが最高なんだよ」

　一人さんはちょっと熱くなってこう言った。なぜだろう。一人さんのこういう言葉はいくら強く言われてもちっとも威圧感がない。それどころか胸にしみてくる。

斎藤一人というひとりの男の大将としての生き方、愛にどんどん引き込まれていくのだ。

「分かります。さっきまでは全く分かってませんでしたけど、今はよく分かります」

それは本音だった。切り替えが早いのは僕の特技の一つでもあるのだ。

「だから人間って、大きなことを狙っちゃいけないって言ったんだよ。大きなことをしようとすると、そういう天に嫌われるようなことを平気でしちゃうの。それより、小さいことのためにどのくらいベストを尽くせるかなんだよ」

「例えばどんなことですかね」

「それはいま自分にできることしかないよな。できないことをやろうとする人もいるけど、それって苦しいし、だいいちできないよね」

「はい。僕はいつもそこに挑戦してくじけてます」

「大きなことをしようとするからなんだよ。大切なのは大きなことより続けること。だから、いまできることだけに集中する。そうすると、できないことでもだんだんできるようになっていくから」

「はい。覚えておきます」

僕はノートにメモを取った。

道は開けるノート

今までの会社の基礎を作ってくれたのは今いるスタッフたちである

「みんな自分にそう問いかけてみたらいいんだよ。今、目の前にいる大切な人を喜ばせていますか、一緒に働く仲間を喜ばせていますかって。だって、人に喜んでもらうことぐらい面白いことはないよ。みんな、なんであんな面白いことしないんだろうって思っちゃう」

「それも、分かります」

「たとえば、高速道路で切符を切ってる人がいるだろ。ああいう人にさ、みんながスーッと通り過ぎていくなかで『ありがとね』とか『ごくろうさん』とか言ったら、すごく喜んでくれるんだよ。高速道路で何千台か何万台か通るところで、俺の顔みんな覚えてて、『今日はどこ行くんですか』とか言ってくれてな。世の中には、それくらいのことさえする人間が少ないんだよな」

そうなのだ。一人さんはそういった流れ作業や目立たない所で仕事をしている人には特に声をかけている。僕もまねしてみるんだけど、信じられないくらい喜んでくれるのだ。そうして声をかけるという単純なことをしている人は恐ろしく少ないのが事実だ。

道は開けるノート

目立たない地味な仕事をコツコツしている人を大切にする

「人が喜ぶことって楽しいのに、なんでやらないんだろうな。みんな自分が喜ぶことばっかり考えてる。自分の喜ぶことって、ゴルフ行こうが高級料理店に行こうが、金ばっかり出ていくんだよな。くたびれるの。本当にくたびれるんだよ。だけど、人の喜ぶことって、とっても楽しいんだ。元気ももらえるんだよ」

「僕も最近、やっと分かってきました」

一人さんに出会って以来、意識して人を喜ばせようとすると、不思議とその場で元気になって行く自分たちがいた。やってみないと分からないことってたくさんあるような気がする。

「やっぱり心なんだよな。でも、注意しないといけないよ。心を喜ばせるのに、モノを使いすぎちゃう人がいるんだ。うまく言えないけど、いくら人を喜ばせるんだからって、予算を超えて使っちゃったらどうしようもない。分かるかい？　もっと高価なものをプレゼントすれば喜ぶ、もっと金をかければ喜んでくれるっていうけど、そうじゃないんだよ。だって、心を喜ばすのは心だよ」

道は開けるノート　心を喜ばすのは心

僕はノートにメモをし、その行の上に花まるをつけた。

「心を喜ばすのに、モノだ金だって言うけど違うんだよ。もうちょっと心を入れようよ。その第一段階が笑顔だったりするんじゃないか。ブスッとした人が何やってくれたって、ちっとも楽しくないよな。写真撮ろうよって、その写真撮りに来たやつがブスッとしてたり、イヤイヤやってたら、同じ写真撮ってもらうにも嬉しくないよな。こっちもいい笑顔になれないよ。写真さえ撮ればいいんだろって、そりゃ違うよ。そんな気持ちならやってくれない方がまだマシだよ」

この写真というのは、陽なた家でやっているバースデープレゼントの写真撮影のことだ。誕生日のお客さんにケーキをプレゼントし、記念写真を撮る。一人さんの言うとおり、楽しい雰囲気で撮るだけでもお客さんは大喜びしてくれる。ついでに、ピンクのうさぎの着ぐるみをかぶったスタッフが、あたりを走り回るんだから、子供もおとなも笑顔でいっぱいになるのだ。

このウサギも、一人さんに「お客さんを喜ばせるならお金ではなく知恵を出せ」と教えてもらった後のミーティングで、若いスタッフの一人が考えだしたアイデアだった。インターネットのオークションで見つけてきた着ぐるみはたったの1500円。それが今では年間千人以上もの誕生日のお客さんを喜ばしている。お金で何とかしようと考えたら、きっとそんなアイデアも出なかっただろう。お金を使わないほど心を使えるんだと思う。

▼目の前の人を大切にした時に得られるもの

例の一人さんの「冷蔵庫」から出されたお茶を飲んで一息ついた後、一人さんからこう聞かれた。

「シゲちゃんは本当の意味で幸せになりたいよな」

「はい、もちろんです」

「本当の意味での自分の幸せってことをよく考えてみな。それって何かっていうと、自分ひとりが大儲けすることじゃないんだよ。ひとりでうまいもの食うことでもないよな。目の前にいる人が幸せになることなんだ。おまえの幸せを真剣に考えたら、目の前にいる人を幸せにすることが自分の幸せなんだよ」

「それって、すごく分かります。うちで働く若い子たちは、たいていボロボロ状態でやってくるんです。引きこもりだったり、ニートだったり、ヤンキーだったりして。そういう子たちが、わけもわからずバースデーでウサギを着せられたり、プレゼントのケーキを運んでいったりするんです」

「そうだよな。ありゃうれしかったよ」

初めて一人さんが陽なた家に足を運んでくれた時もバースデーイベントをさせてもらった。その月の誕生日だったお弟子さんのお祝いをさせてもらい、とっても喜んでもらったことがあるのだ。

「ありがとうございます。あのイベントがめちゃめちゃ喜んでもらえるんですよね。ウサギと記念撮影して、涙をこぼしてくれるお客さんもいますから。そこで、相手に喜んでもらうと自分も嬉しくなる、っていう体験をスタッフたちは自動的にみんなするんです。そしてこれを体験すると変わっていくんですよね。『俺にもできた』とか『私でも人に喜んでもらえるんだ』と思うらしくて。人に喜んでもらうことで若い子たちがどんどん立ちあがっていくんです。その姿を見るのが僕自身、めちゃくちゃうれしいんです」

今では年間千件以上を超える陽なた家の名物になったバースデーイベント。4年前も順調にその件数を伸ばしていたのだが、さらなる飛躍の知恵をくれたのも一人さんだった。そしてこのイベントはお客さんだけでなく、スタッフたちの人生を変える原動力にもなったのだ。

「そう。人に喜んでもらうと、いまの世の中ではなかなか得られない『自分の居場所』っていう、とても大切なものが得られるからね。でも、その子たちを見てて、シゲちゃん自身も幸せになったよな」

「はい。ものすごく」

道は開ける
ノート

誰かに喜んでもらった時、人は自分の居場所を見つけることができる

「世の中ってそうなってるんだ。いま目の前にいる人が幸せになったら、自分も幸せになれるんだよ。ただ一つだけ間違えちゃいけないよ。人の幸せのために自分を犠牲にしちゃいけない。みんなのために自分を虚《むな》しくするんじゃないんだ。ここだけは間違っちゃいけないよ」

「そんなことってできるんですか?」

自分を犠牲にせずに人を喜ばせる——。その時の僕は人を幸せにするためには自分を犠牲にしなくちゃいけないと思っていた。実際スタッフたちにもそう教えこんでいた。

「人に喜んでもらうことってわざわざ自分を犠牲にしなきゃできないのかい?」

「それは……えーと」。僕はだんだん頭の中がこんがらがってきた。

「ここは俺がいつも力を入れて言っていることだからよく聞きな。いいかい?」

「はい」。僕はしっかり座りなおした。一人さんにたくさんのことを教えてもらっ

たが、今思えばこれが僕の人生において大きなターニングポイントになった言葉だと思う。


「この世は陰と陽で成り立ってるんだ。例えばこの紙な」

そう言って一人さんは目の前にあったノートを手に取った。

「もしこの紙に裏がなかったらこの紙は存在するかな」

「いえ、ありえませんね」

「だよな。それと同じことなんだよ。本当に人のためになることは自分も必ず幸せにする。そして本当の意味で自分のために生きた時、それは人も幸せにするんだ。だから人のことばかりを考えて自分のことを犠牲にするっていうのは、裏のない紙を作ろうとするのと同じことなんだよ。本当の幸せっていうのは人も自分も幸せにするんだよ。だからちゃんと自分のことも幸せにする努力をするんだよ」

自分の幸せをちゃんと考える——。最初に聞いた時は正直ものすごく違和感があった。何故かって自分の幸せを考えるっていうのはエゴなんだと教えられてきたからかもしれない。それも伝えたら一人さんはこう付け加えてくれた。

「自分のことを考えちゃいけないんじゃないの。自分のこと『だけ』を考えちゃいけないんだよ。自己犠牲が成り立たないのと同じように、『自分だけ』も成り立たないんだよ。人も自分もちゃんと幸せにできるんだよ。そこの点をちゃんと探さないとダメだよ」

その時、僕自身が自分の幸せが先か、人の幸せが先か、つまりこれは表が正しいか裏が正しいのかを真剣に悩んでいたんだと気づいた。確かに表があるには裏が必要で、裏が存在するにはちゃんと表がなきゃいけない。この表と裏を切り離そうとして考えようとしたから頭の中がこんがらがっていたのだってことに気がついた。「どっちが大事か」じゃなくて「どっちも大事」なんだって大切なことを教えてもらった。

自分の幸せと人の幸せはコインの表と裏である。自己犠牲はNG

僕はこの言葉で長年悩んでいた心の糸がほどけて、心がスーッと軽くなった。目の前が何か見えない光に包まれたような気がした。

「そう考えたらシゲちゃん自身が幸せになるにはどうしたらいいか、もうわかるよな」

「はい。スタッフやお客さんのことを考えて、その人たちがいつも僕の店を支持してくれれば、僕は絶対に困りません。自分が幸せになる方法は、従業員に幸せになってもらい、お客さんに幸せになってもらうことが、何より僕自身が一番幸せになることです。そして僕自身が幸せでいることで、さらに人を幸せにできるようになります」

「うん、それでいい。目の前にいる人を幸せにするって意味が分かったみたいだな」

「はい。謎が解けました。ありがとうございます」

道は開けるノート

自分も人も幸せになる方法を考える

このメモは3色ボールペンの黒を赤に変えて、「一人さんに教わった人生で一番大切なこと」と勝手に題名をつけ、ノートの1ページを使って大きく書きこんだ。

そんな僕を見ながらニコッと笑って、一人さんは言った。

「さあ、今日はこのへんにしようかな」

▼今のおまえには俺が必要だろ？　だからこれでいいんだ

レクチャーが終わった後、ひと時、僕は事務所で一人さんとたわいもない話をしていた。

「シゲちゃんは今回の出張、いっとき東京にいるって言ってたな。いつまでだい？」

「来週の土曜日までいます。こっちでやる仕事が結構あるんで」

「次のレクチャーの約束はいつだっけな」

「来週の金曜日です。よろしくお願いします」

「そっか。わかったよ」

そう話していると事務所の電話が鳴った。事務の人が応対して一人さんにつなごうとした。

「一人さん、対談の申し込みのお電話です」

「誰からだい？」

その相手は僕だけでなく、日本中の経営者が一度は聞いたことがあるはずの超ビッグネームだった。しかしよくよく考えてみれば、今僕の目の前にいる人はその人たちも必ず知っているはずの実業界の大巨人だった。近くにいると忘れそうになるけど、あらためて師匠の偉大さを、僕はしみじみ再確認していた。

「日程はいつかな？」

一人さんがその事務員さんに聞いたら、何とその日は翌週の金曜日。僕が次のレクチャーの予定をいただいている日だったのだ。僕は手帳を取り出してあわてて予定をずらそうとあれこれ考えていた時、一人さんが事務員さんに言ったその言葉が僕の人生観を大きく変えた。

「その日は外せない用があるから、申し訳ないけど断っといて」

一瞬一人さんが何を言っているのか訳が分からなかった。だって相手はあの有名人だ。僕とその人をどう天秤にかけたって、一人さんにとって僕との約束を優先することに何の得もない。僕はあわてて「一人さん、いいですよ。僕時間ずらしますから」と言った。

「いいからいいから」。そう言って一人さんはお茶を飲んでいる。そしてさらに驚くのが、その事務員さんも何事もなかったように「はい、かしこまりました」と言って先方の申し出を丁重に断っていたことだった。ボー然としている僕に一人さんが声をかけてくれた。

「シゲちゃん、気を使わなくていいから来週の金曜日にちゃんとおいでな」

ありえない。というより全く意味が分からない。

「一人さん、僕いつでもずらせますから対談に行って来てください」

僕はもう一度自分が日程をずらす旨を一人さんに伝えた。

「いいんだよ。おまえが気にすることじゃない」

「いや、でも……」

「いいんだ。先方は俺じゃなくてもいいの。対談する相手はたくさんいるから。でも今のおまえには俺が必要だろ？　だからこれでいいんだよ。それに俺も若いシゲちゃんとこうして話できると元気になれるんだよ。楽しいしな。だからお互いさまなんだ」

「……」

なんて人なんだ。いくら目の前の人を大切にするって言っても、ここまでしてくれるなんて。感激で目頭が熱くなるのが分かった。そのうち僕は目の前でそう言ってくれている一人さんの姿が涙でゆがんでよく見えなくなった。伝えても成功するかどうかも全く分からない一人の若造のために、大切な自分の時間を割いてくれるなんて。ここまで人を大切にしてくれる人がいるんだってことを知り、僕は大衝撃だった。僕はこの人のためなら僕のできることは何でもやろうと思った。

人生は誰を師匠にするかで大きく変わると言われるが、この人のもとに行った自分自身を今はほめてやりたいと思う。

斎藤一人さんに教えを受けることができて本当によかった。心からそう思えた出来事だった。それと同時に師匠の生き方に一歩でも近づけるように、僕のところに来てくださった人を絶対に大切にしていこうと心に誓ったのは、一人さんが実践で教えてくれた、「人を大切にする姿」を目の当たりにしたあの瞬間だった。

第3章

夢がなくても道は開ける

▼目標主義におちいるなよ

「夢を持ってる人は何％だといったけな」

「20％くらいらしいです」

この数字は僕がとある本を読んだ時に書いてあったことだ。誰が調べたのかは知らないけど、「あなたには夢がありますか？」という質問に対して「はい」と答えた日本人のパーセンテージである。

「アンケートの対象がどんな世代か知らないけど、日本でのその数字はだんだん減ってくるだろうな」

「何でですか？」

「貧しい国っていうのは『生きること』だったり、『ご飯を食べること』を夢にすることが多いんだよ。生きていかなきゃいけないからな。俺が生まれた戦後は日本の国もそんなもんだったよ。でも今の日本は戦後と違って食べるものも着る服も満足にあるだろ。そうなってくると人って次はどんどん難しいものを夢にしようとするんだよ」

「例えばどんなことですかね」

「分かりやすく言えばオリンピックで金メダルを取ることだったり、プロのスポーツ選手だったり、事業家で言えば上場だったり店舗展開だったりな。けどそれって山の頂上はたくさんの人が登れないように、限られた人しかできないものだよ。そしてその際立って難しいことを夢っていうから、普通の人じゃ無理だって思って当然だよ。だから減るの」

「なるほど」

「夢」についてのレクチャーは、こんなふうにして始まった。それは一人さんのお弟子さんたちとの旅に同行させてもらった時だった。一人さんは旅行するときも、有名ホテルとか有名旅館にはめったには泊まらない。ほとんどがありふれた民宿だったり、どこにでもある普通の旅館に宿をとる。その日も民宿の一室で、お弟子さんたちがみんな寝てしまったあと、突然、話が始まった。

「夢を持つだけが成功の道なんじゃないよ。だって居酒屋をやっていて、居酒屋を一生懸命やるのは夢でもなきゃ、目標でもない、当たり前のことなんだよ。サラリーマンなら、自分の毎日の仕事を一生懸命やるのが当たり前だろ。夢でもなんでもないんだよ」

その頃の僕はいわゆる「夢難民」だった。幼いころからたこ焼き屋になることを夢にして、26歳の時その夢がかなった。すると燃え尽きてしまってその後完全に道を見失ってしまったのだ。「何か夢を見つけなきゃ」と追い立てられたように夢を探したが、どうしてもたこ焼き屋になると言っていた頃のように情熱をぶつけられるようなものが見つからなかった。そして夢を持てない自分に対して自信を失くしていた。そんな時に一人さんのこの話で目の前に道が開けた。

「仕事でも何でも一生懸命やっていると、必ずうまくいくんだよ。商売なら2軒目の話が必ず来るよ。夢なんか持たなくたって来るんだよ。サラリーマンなら一生懸命やるだけで、ちゃんと出世するしね。一つ上のポジションに行くんだよ。ただ、それだけのことなんだ」

「とは言っても人間が一生懸命になるには夢を持つことが大切なんじゃないですかね」

「まあ聞きな。もちろん夢を持てたらそれに越したことはないよ。でも夢を持つこと以外に人がやる気になる方法ってのはあるんだ。それについてはもうちょっと後で話すよ」

ここで一つ伝えておきたいことがあるのだが、一人さんは人が「右」と言ったら「左」と言うようなへそ曲がりなんかでは全くない。その頃の僕みたいに「今の生き方で道に迷っている人」が成功するには、まずその人の頭の中にある、世間一般で言われている固定観念そのものをくずさないと、成功の道が開けないからそう言っているのだ。何度もお会いして話を聞かせてもらうことによって、僕はだんだんそのことが分かってきていた。

「一生懸命やってる人間は必ずうまくいく。不思議だけど、そうなっているんだよ。そうしたらまた、そのポジションを楽しみながらやればいい。何でも同じだよ。この夢がかなえば幸せになれますって、そうじゃないからね。幸せって、今すぐならなきゃなれないんだよ」

それは一人さんの持論だ。幸せというのはつかみ取りに行くものじゃなくて、今が幸せなんだということに気づくこと。その気づきのセンサーが上がれば、人はもっともっと幸せになるっていつも言っている。

「いまこの仕事で幸せになれないのに、どうして将来なれるの？　いま苦しいなら、将来は間違いなくもっと苦しくなるよ。だって、上にいくほど競争って厳しいんだから。でも、なぜかみんな言うんだよ。『大きな夢を持て。追いかけ続ければ必ず叶う』『願えば、そのうち幸せになれます』って。違うな。俺ははっきり言っておくよ。オリンピックと同じで、大きな夢なんかほとんど叶わないんだよ。夢を持てだとか、希望を持てだとかって、聞いていると苦しくなるよな。ガンバレ、ガンバレってさ。人間は目の前にニンジンをぶら下げられた馬じゃないんだよ」

「いま、夢ブームですからね」

「そう、夢だ、目標だってたいへんだよね。そうじゃないだろって言う人もいない。唯一俺ぐらいだな、そうじゃないよって言っているのは。そんなもんじゃないんだよ。いま、ここでできる、当たり前のことをやっていくだけでいいんだよ。でも、夢とか目標を語り出すと、どんどんそれが大きくなっていくんだよね。するとね、小さい目標、たとえば、『係長になる』とか『主任になるために全力あげます』って、なんか言いづらくなっちゃうだろう。いけないことみたいに思えてくるじゃん。でもね、その小さな目標を実現していくことがじつは成功なんだよ」

道は開けるノート

夢は大きくなくてもいい

「僕のところにも、そういう若い人がときどき会いに来るんです。みんな、『夢を持たなきゃ』という強迫観念にとりつかれているみたいで、自分には夢がない、目標がないって、本気で悩んでる子が多いです」

「ちょっと前のシゲちゃんだな」

一人さんに言われて、僕は思わず真っ赤になった。たいして飲んではいなかったけれど、急にアルコールがまわって来たような気がした。

▼夢がないって？　よかったじゃないか

それは一人さんと知り合って間もないころだった。僕は、日本一の実業家である一人さんに、自分の将来の夢を聞いてもらわなければいけないような気がしていた。ある日、胸を張って堂々とこう言った。「僕には夢があるんです。いまはたった２軒ですけど、いずれ全国に店舗展開するんです」。そのとき僕が期待していたのは、「それはいい夢だね。きっと実現するよ。がんばれよ」、そんな返事だった。

しかし、一人さんの口から出てきた言葉はまるで違っていた。

「へえ。なんで？」

予想外の反応に戸惑いながら答えた。

「いや。やっぱり飲食やれば、店舗展開を目指すのが常識じゃないですか」

「へえ、そうなんだ。で、お金はあるの？」

「いえ。銀行から借ります。うち、けっこう業績がいいんで」

「あ、そう。まあ、おまえがそうしたいならいいんだけどね」

あれ、何か違うぞ。マズいことでも言ったんだろうか。確かに自分の中からわきあがってきたものではなかったけど、そのリアクションは僕の公式の中にはないものだった。

「え、なんでですか？」

「いや、俺ならやらないなってこと。俺はそういう生き方じゃないから」

これって、一人さんは僕の夢を応援してくれないってことなんだろうか。それともこんな夢じゃ、まだまだ小さいんだろうか。頭の中であれこれ考えてしまった。

「夢は店舗展開！」。これは経営者としての実力をつけようと、当時いろいろなセミナーに出ていた時に作ったものだった。そこで知り合った人たちは、みんな大きな目標を持っていて、それを実現することに生き甲斐を感じ、自分の夢を熱く語っていた。夢がないなんて言おうものなら、同情され、憐れみの目で見られるのがオチだった。それが嫌で作り上げたどこに出しても通用する模範回答だったはずなのに……。

一人さんは、そういう人たちとはぜんぜん違うことを言った。

「おまえ、本当にそれをやりたいのかい？」

僕はドキッとした。

「本当におまえの夢なら何も言わないよ。人にはいろんな生き方があるからね」

道は開けるノート

今の夢は本当に自分のやりたいことなのかをちゃんと考える

僕がドキッとしたのにはわけがあった。あるセミナーに参加したときのことだ。一番前の席に陣取っていた僕に、講師が「あなたの夢は何ですか」と質問した。「仲間と楽しく働ける店をつくることです」と正直に答えた。すると講師は、悪い

サンプルを見つけたように、

「はい。あなたは失格です。そんな具体性のないものは夢とは言いません」

会場にドッと笑いが起きた。頭がカッカして、そのあとの話はほとんど耳に入らなかった。その憎きセミナー講師の講義が終わった後、その講義での気づきをもとに、残りの三十分で自分の夢を書いて提出しなければいけない時間があったのだが、腹が立っていたので白紙のまま出した。すると講師が、帰ろうとする僕を呼び止め、夢とはどんなものであるかを語り出したのだ。

「夢は人生のエネルギーだ」「夢は数値化し、具体化するほど実現しやすくなる」「もっと大きな夢を持て。大きな夢が持てないのは、あきらめているからだ。心にストッパーがあるからだ」。そして、もう一度自分の夢を書くように言った。僕は仕方なく、何年後には何店舗出店、年商何億、経常利益いくらと書き並べた。講師は満足したように、「よし。これできみも夢を持てた。がんばれよ」と僕の肩をたたいた。

以来、自分の夢はそれなんだと思い込もうとしてきた。セミナーから戻って厨房の壁にそれを貼り出すと、スタッフは「ふ〜ん」という顔をした。

「すごいだろ」。「べつに」「意味が分かんない」。何の関心も興味も示さない仲間を見て、もしかしたらこれは何かが違うんじゃないか、そんな気がしていたのだ。しかし、その時にこれといったものはなかったので、とりあえずその貼り紙が僕たちの夢ということになったのだ。

「おまえの夢って何なんだ。正直に言ってみな」

一人さんに言われて、そんな僕の付け焼刃の夢など一気にしぼんでしまった。

「じつは、よく分からないんです。夢って何なのか」

そのとき一人さんから返ってきた言葉が、いまの僕の宝物になっている。

「夢が分からない？　おまえ、よかったじゃないか。夢なんか持てなくて。夢がなければ、これから何でもできるぞ」

心の中で、何かが激しく揺さぶられるのを感じた。

道は開けるノート

夢がなければどの道でも選べる

僕らは、夢を持つのは素晴らしいことだと思っている。未来に大きな目標を設定し、それを目指すことこそ生き甲斐であり、幸せに近づくことだと考えてきた。そして、夢を持てない人生は、つまらない人生だと思い込んでいる。一人さんは、

「そうじゃないぞ」というのだ。もっと別の生き方があるぞと。

▼いまの会社で一個上を目指せばいい

「これは日本の風土的な問題なんだよ。なぜかっていうと、日本人は尻を叩かれて走るのが得意なんだ。夢を持ちなさいという今の風潮って、人のことをひっぱたいて走らせるのと同じだよ。でもね、夢を持ちなさいだとか、いろんなことを言うと、夢がないだけで落伍者みたくなっちゃう。それだけで不幸なんだって気になっちゃうんだよ」

あのセミナー講師に打ちのめされた当時の僕のような、夢を持てなくて苦しんでいる人や夢を探しまくっている人が、今この日本中に一体どれくらいいるのだろう。その人たちにも聞いてほしい言葉だ。

「ここは大切なところだからな。そもそも夢を持つ人ってのは、ほとんどの人がだれからも言われなくてももうすでに持ってるんだよ。だからわざわざ人に聞きに行くことなんかじゃないんだよ。だからうまく行った人たちが夢を持てといくら言っても、持てないし持ったとしても苦しんじゃうんだよ。そして持った人のほとんどは成功できない。夢を持った人のほとんどは落伍者になる。夢の持てなかった人は、もっと落伍者になるんだよ。

よく人前で、『私は太平洋を横断しました』とか、『マッキンレーに登りました』とか言っている人がいるよね。すごいことだよね。それがその人の仕事なら別だよ。だけど、俺たちは冒険家じゃないから。本当におまえに必要なのは冒険じゃなくて、いま働いている会社で、一個上になることなんだ。いいかい、一個上を目指せばいいんだよ。

道は開けるノート

格好をつけるために持った夢は危険と心得る

それと同じで『私は英語の勉強しています』『フランス語やってます』ってのがときどきいるよ。おまえの会社って外国と取引しているのって聞きたくなるね。そういう人は必ずこう言うんだよ、『将来自分の役に立つから』って。将来役に立つんじゃなくて、『今自分が会社の役に立つこと』が何より大切なんだよ。言っとくけど英語を勉強するなと言ってるんじゃないよ。それもいいけどその前にちゃんと自分に給料くれる会社の役に立ってから自分のやりたいことをやりなって言ってるんだよ。

いまの日本では足元を見ずに、空想的なことを言うのがカッコいいと思われてるんだよ。こんなすごいことをやりましたとか、誰もやらないことをやってますって、どうなんだろうな。それに憧れて今やるべきことを放棄しちゃう人ってたくさんいるんだけど、結局そういう連中は、自分が何していいのかが全く分からないんだろうと思うよ。分からないから、すごいこと聞くと、それいいですねって。残念だけど、基礎ができてない人にはそれできないんだよ。

本当にカッコいいやつなら、自分が役立つことを考えるよな。いま自分が世話になっているところのために、何か役立つことを考える。それで自分が一個でも上にあがって、今度はその一歩すら踏み出せなかった人のために何かするよ。これ以上カッコいいことないね。これをやったら誰だってカッコいい人になれる。それを、人がやらないことをやったからカッコいいだなんて。人がやらないことなんて、やる必要がないことなんだよ。それよりも今必要とされてる所で一生懸命力を出し切って行くことの方がよっぽど大切なことなんだよ」

あまりの迫力に僕は気おされていた。一人さんはいつものトーンに戻ってこう言った。

「ごめんな、ちょっと厳しすぎたな」

「いえ、今の言葉で救われました。多分、これが伝われればたくさんの人が救われると思います」

成功するには夢を持つことしかない――。その固定観念がはずれて、もうひとつの方法が僕の頭にインストールされた。

道は開けるノート

今いる所で必要とされる人になる

いつものノートに書きこんだ。

▼「すごい」地獄にはまるな

「いいかい。この世にも地獄があるんだよ」

「え、この世にもですか。アリ地獄とかそういうんじゃなくて？」

「それをね、『すごい』地獄っていうんだよ」

「『すごい』地獄？　なんですか、それ」

地獄絵図よりすごい地獄ってどんなもんだろう。いろいろ考えてみたがよく分からない。

「人からもっと『すごい』と言われたいがために物や地位に固執する地獄。すごい、すごいって、すごいを目指して転落する地獄なんだ。この地獄はいたるところにあるんだよ」

「あ、そういう意味なんですね。分かりました」

「たとえば、クルーザーを持っていたらすごい、もっとすごいクルマが欲しい、もっと有名になってすごいって言われたい、ってやつ。思い当たることないかい？」

たくさんある。それでいけば僕は「すごい」地獄の住人だ。ちょうど事業も軌道に乗った頃なので、そろそろベンツでもと思っていたころだった。ベンツが特にほしかったわけでもないが、それに乗って「すごい」と言われている自分を想像していたので、とってもグサッときた。

道は開けるノート

この世には「すごい」と言われたい地獄というものが存在する

「きょうもここへ来る途中、きれいな海を眺めて、みんな歓声あげてたけど、ロールスロイスの窓から見ても、軽自動車の窓から見ても、見える海の色は同じなんだよな。本当に好きならそれに乗ればそれも幸せなんだろうけど、もし『すごい』地獄にいたままロールスに乗ったって経費がかかるばっかりでいつか嫌になって、結局もっと満足させてもらえるものを追いかけるんだよ」

見える海の色は同じ……。僕はその言葉で冷めてしまい、頭の中からベンツが一気に消えて行った。

「いいかい、世の中ですごいと言われるものにあまり価値を置いちゃいけないよ。それが『すごい』地獄の入り口なんだ」

昼間、海辺を走りながらみんなでしゃべったことを思い出した。海に浮かんでいる小さな島を見て、「あんな島を買ったらいくらぐらいするんだろう」と誰かが言った。

「100万ぐらいだったら買うな」

「いや、何千万もするんじゃないの」

「あんな島のオーナーになれたらすごいよね」

それまで黙って聞いていた一人さんが、そのときボソッと言った。

「あの島を自分のものにしたら、自分の島はあれだけになるよ。毎年、夏になるとそこへ行かなきゃいけなくなるよ。でも、日本中が自分の庭だと思ったらどう？日本にある島はみんな自分の島になる。ちょっと行きたくなったら、あっちの島へもこっちの島へも自由に行けるんだよ」

一人さんという人は、そういう考え方をする人だ。

「いいかい。おまえがいつか金持ちになったときのために教えておくから、よく聞いておきな。お金持ちは、たいていお金持ちらしいことをしているよ。クルーザーを買ったり、ジェット機や南の島を買ったりな。でも、これって意外と幸せじゃないんだよ。若い子がちょっとずつ金ためて、バイク買うのとはわけが違うんだ。金も物も充分にあるからね。そんなに嬉しくないと思うよ。若い子のバイクもそうだけど、人はね、いま自分にあるものより、ないものを求めるほうが幸せなんだよ」

たしかにそうだ。僕は大学の時に金を貯めて1台のバイクを買った。うれしくてうれしくて毎日磨いていた。正直乗っている時間より磨いたり眺めたりしていた時間の方が長かったような気がする。今はあの頃より自由にできるお金もある。じゃあ今バイクが欲しいかと聞かれれば、そんなことはない。確かに一人さんの言うとおり、欲しいというのは手に入らないからっていうのが一番の原因なのかもしれないと思った。

「テレビで、ある有名な経営者が『会社をつくってから、１日も楽しい日がなかった』って言ってたのを見たことがあるんだけど、あれなんか、苦しさを追っかけちゃった典型なんだよ。目標ばっかり追っかけて、次の目標に行くことが自分の生きている証みたくなっちゃった。すると、今度は自分と一緒に走る人を巻き込んでいくんだよね。ネズミの暴走と同じ。やがて海に出てみんな溺れ死ぬんだけど。つまり楽しんでないんだよ。目標を達成することだけを楽しむようになる。目標がないと生きられなくなっちゃうんだね。だから数字だけを見て、数字だけを上げてくんだ。次はいくら、次はいくらって。だから、その社長はキリキリしどおしだったたって」

「なんか切ないですね」

その話を聞きながらいろんな人が頭に思い浮かんだ。もちろんその中で走りまくってきた自分自身の姿も。

「そうだな。でも大なり小なりこれって意外と多いんだよ。人生１回だからな。いつも言うけど、人生の最期って、明日来るかも分からない。10年先かも分からない。だけどそのときに『いい人生だったよ』って笑って逝けるようにしないとな。もう一度言うけど、『すごい』って言われることだけを追っかけるのは苦しみが多いんだって覚えておけよ。それより、どうせ追いかけるんだったら人の笑顔だよな。人の喜びを追っかけていたら人生って本当に幸せなんだよ」

道は開けるノート

夢が持てなかった時は、人の笑顔を追いかければ幸せになれる

▼楽しいこと考えてると人も金も寄ってくるよ

コンビニで買ってきた沖縄のミミガーに一人さん専用の「マイ塩」をかけたものをつまみに、缶ビールを飲みながら一人さんの話は続いた。

「本来仕事って遊びなんだよ。苦しんでまでやるものじゃないよ」

一人さんは、なんでもないことのように言った。けれど、仕事のことで悩んでばかりいた僕は、仕事は遊びという、そんな考え方にどうしてもシフトできなかった。でもこれはいつものパターンだ。最初は驚くが、どっちにしても多分自分自身は納得するのだろうから、心を開いて素直に聞くことにした。

道は開けるノート

仕事とは人生をかけた遊びである

「ふつうの人は、仕事が苦しいんだよ。だからお金で楽しもうとするの。俺は違うんだよ。みんなお金使ってゴルフしたり、クラブへいったり。クラブへいくと高いっていうけど、面白くもないやつをかまってやるんだから、クラブの女性も相当お金もらわないと合わないよね。値段が高いんじゃなくて、あなたが面白くないんだよ」

「わかる気がするなあ」

「だから仕事は遊びだと思って、楽しくやるんだ。これが俺の遊びなんだって。お客さんが喜ぶ顔見るのが俺の楽しみだし、会社で一個上にいくのが楽しみだし。そうしたら、金借りて急激に伸ばそうなんて気にならない。社長にならなくちゃとか、部長にならなくちゃと焦ることもないしね。これは私の遊びですから。楽しい遊びですから。仕事だったら真剣になれなくても、遊びならみんな真剣になれるんだよ」

「でも、それって難しいことかもしれません」

さすがにここは難しいような気がした。できあがっちゃった一人さんだから言えることであって、現実にはそれこそとんでもない難しいことのような気がした。やっぱり夢を持つのが一番手っ取り早いような気がしていた。

▼夢よりも使命感を持て

「あの一人さん、夢を持てなくても人間って一生懸命になれるって最初に言ってたこと、聞いてもいいですか？」

「あ、そうだったよな。だいぶ最初の夢の話からずれちゃったな。夢を持たないと道がないって、そんなことないよ。もう一個の方法があるんだよ」

「教えてください。僕はそこがどうしても知りたいんです」

やっと本題に入れた。そう思った。でも一人さんの話は本論から外れているように見えても、話のパーツ一つひとつが、実は最後ですべてパズルのようにはまって行くのだ。

「シゲちゃんは今の仕事を何のためにやってるのかはっきりと言えるかい？」

「何のために……ですか？」

「そう、何のためにやってるの」

お金のため、将来のため、人からすごいと言われたいがため、思いつくことは色々あったけど、どれも漠然としたありふれたものだった。

「自分が何をしたいか、それを何のためにしたいのか、ちょっと難しく言うとそれを使命感っていうんだ」

「使命感……」

「そう、使命感。俺はどちらかというと、夢よりも使命感の方を大切にしてるんだよ。よく考えてみな。何のためにそれをやるのかっていうことは、言いかえれば『それをやる意味ってなんですか？』ってことになるよな」

「はい」

「存在意義って言葉を知ってるかい？」

「もちろんです。その人がそこにいる意味ですよね」

「そう。意味だ。人が動くきっかけになるのって実は行く先、つまり夢より、使命感である意味の方が重要なんだよ。人間って夢を失くしてもかろうじて生きてはいけるよな」

「はい、僕もこうしてちゃんと生きてますし」

「じゃあ、もし仮に、あくまで仮にだよ、俺がシゲちゃんに『おまえには生きてる意味がない』って言ったら、そしてそれをそのまま『俺には生きる意味がないんだ』って受け取っちゃったら、おまえはどうなる?」

「死ぬほどつらいです。仮にの話でも、つらくなっちゃいました」

「そうだろ。自殺しちゃう人っていうのは得てしてこの『自分がここにいる意味』を失っちゃってる人が多いんだよ。それだけこの『意味』っていうのは大切なんだよ」

道は開ける
ノート

人間は意味を欲しがる生き物である

とっても深い話だ。僕はのんびりビールを飲むのをやめて、レコーダーとノートを準備して真剣に聞くモードのお勉強シゲにシフトチェンジした。

「だから働くのも、何をやるのも、『使命感』っていうのはとっても大切なんだよ。例えばね、おまえの店で考えたら分かりやすいんだけど、陽なた家で一番地味で単調な仕事ってどのポジションかな？」

「どこも結構ハードですけど、しいて言えば洗い場ですかね」

週末の洗い場ははっきり言って大戦争だ。２００席の洗いものが次から次へとやってくるのだ。

「じゃあ洗い場にしよう。例えばA君は『なんでこんな仕事、俺がやらなきゃいけないんだよ』って思いながら仕事をしてるとする。もうひとりのB君は『綺麗なお皿をキッチンに返しておいしい料理をお客さんに届けるんだ』と思っているとする。この2人は何が違うか分かるかい？」

A君もB君もモロに当てはまる子がいたので、その2人のことを考えた。しかし、その2人のモチベーションの差がずっと分からなくて悩んでいたから、一人さんの質問の答えも正直言って分からなかった。

「何が違うんですかね」

「それがさっき言った『使命感』なんだよ。B君はA君より、今自分がやっていることの意味をしっかり把握しているんだよ。そしてな、おまえがどっちかを1つ上のポジションにつけるならどっちをつける?」

「もちろんB君です」

「そうだよな。だから仕事でも何でも自分がやっていることの意味が見えていると、しっかり働くし、おのずから光ってくるから人がほっておかなくなる。そうすれば必ず道は開けるんだよ。だから使命感を持つことってとっても大切なんだよ」

なるほど。僕は一人さんの言ってることも、夢が持てなくても人が一生懸命になれるって言っていた理由もぼんやり分かってきた。

道は開けるノート

人間は「何のために」が見えると動き出す

「シゲちゃんは松下幸之助さん知ってるよな」

「もちろんです」

松下幸之助さんは現在のパナソニック、松下電器を一代で世界的企業に仕上げた伝説の経営者だ。

「松下さんがまだ最前線で社長をやってた頃の話でな、ある工場を足で回っていた時におもしろくなさそうに電球を磨いていた若い工員さんを見つけてな、松下さんが『電球を磨くのは面白くないか』って聞いたら『はい』って答えたらしいんだよ。そしたら松下さんはこう言った。『そりゃあんたは電球を磨くってことに集中してるからや。でもな、よく考えてみ、あんたが磨いてるこの電球があるから世の中の家族が楽しく過ごすことができるし、子供たちが本を読むことができるんや。そこを考えたらあんたは電球を磨いてるんやなくて、人の幸せを磨いているんや』ってな。その工員さんは松下さんのその言葉に感動して生涯の仕事の軸にしたんだって」

「人の幸せを磨く。めっちゃいい話ですね」

「そう考えると使命感には『何のために』と、もうひとつ『誰のために』ってのがあるんだよ」

「誰のためにですか」

「そう。自分が誰を幸せにしたくて今目の前の仕事をやってるのかが見えたら、その時は大きな力が出てくるんだよ。人は愛する人のためならがんばれるものなんだよ」

道は開けるノート
人は愛する人のためならがんばれる

そう考えた時、家族、スタッフ、そしてお客さん、陽なた家を応援してくれたたくさんの人が見えてきた。この人たちを幸せにするために、自分の中に大きな力が湧いてくるのを感じた。

「それは誰でもいいんだよ。人によって環境が違うからな。まずは目の前の家族、働く仲間、上司、会社、何でもいいから近くにいる人から幸せにしていくんだよ。大きな夢が持てなくてもいい。それでも夢が欲しかったら、今、ここ、目の前にいる人を笑顔にするっていうことを一つの夢にしたらいいんだよ。そしたらいいぞ。毎日夢がかなう」

道は開けるノート
今、ここ、目の前に集中する

僕は再びノートに書いた。

一人さんがあのとき僕に、「おまえ、本当にそれをしたいのか」と尋ねた、その言葉の意味がはじめてわかった気がした。僕たちはたぶん、世の中の「これはすごい」という価値観にとらわれて、自分が本当にしたいことを無視したり、忘れたりしてしまいやすいのだ。そして、目標に追われるような、苦しい道を歩むことになる。夢セミナーに出て、すごい目標を考えていたころの自分はたしかにそうだったと思う。

「全くあせらなくていいんだよ。今この瞬間から出会う人を大切にしていったらいいの。そしてな、目の前の人が喜んでくれたら、また一人、また一人ってやっていくの。そうしたら人を喜ばせる筋力みたいなのがついてきて、さらに喜ばせる人の数が増えていくんだよ。水泳だってそうだよ。1メートル泳げたら次は2メートル、3メートルって徐々に距離を伸ばしていけば、必ずいつかは1000メートルでも2000メートルでも泳げるようになってくるんだよ。千里の道も一歩から。まずは目の前の人からなんだよ。そう考えると、大きな夢を持つことだけがすべてじゃないって言った意味がいくらか理解できたかい？」

「はい、分かりました。一人さん、飲み物空になってないですか？」

「ははは、飲みこみが早いな。それでいいんだよ。そうやって日々、まず目の前にいる人から喜ばせていくんだよ」
「はい。今から実践します」

今ここ、目の前にいる人を大切にする。これを繰り返していくと一人さんの言葉の通りにどんどんできることが増えていき、3坪のたこ焼き屋から始まった僕たちが、ダイニング、ウェディング、居酒屋、そして出版、講演、ついには人材育成事業をさせてもらえるようになった。

一人さんが教えてくれた「フォーユー（大切な人のため）マインド」。これが僕の人生の基軸にまでなった。一昔前の僕みたいに、夢を探して迷子になっている人たちにこの一人さんの教えを伝え、それぞれが「フォーユー」を目指し始めてから、みんな恐ろしいほどの速度で人生が開けていった。僕自身もその中から自分の夢が見つかった。そういった人たちの顔を見ることが僕のずっと探していた本当の夢だったんだって気がつくことができた。

今はこう思う。自分の本当の夢っていうのは外に転がっているものじゃなくて、今自分が目の前のことに全力を尽くしていく時に、ある日心の中の霧が晴れてそこにあるものだと。

一人でも多くの人たちに僕の人生を変えてくれたこの一人さんの教えを伝えていくことによって、人の心を解放していくこと。そしてこの「フォーユーマインド」で幸せになって行ってもらうこと、そうすることによって幸せな日本を作っていくことが僕自身の使命感であり今の僕の夢だ。

第4章

素直に学べば道は開ける

▼勝つ人の考え方と負ける人の考え方

「きょうはいい店に連れて行ってあげるから、一緒においで」

一人さんはそう言って、僕も名前だけは聞いたことのある、有名な居酒屋に連れていってくれた。繁盛店のうわさどおり店は満席。外にも入店待ちのお客さんが列をつくっていた。正直「すごいな」と思いながら、熱気でむんむんする店内に入った。席に着くと一人さんは、やって来た若い店員さんに「梅酒ちょうだい。それと豚バラ」。これは居酒屋で一人さんが頼む定番オーダーで、「豚はバラがいちばん」が一人さんの持論だ。

ひとしきり食べて生ビールを3杯ほど飲んでいい気分になっていた僕に、一人さんはこういった。

「シゲちゃん、この店を見てどう思う」

しばらくして、一人さんに聞かれた。酔いが回っていたことも手伝って、僕は思ったことをはっきり言った。

「そうですね。正直に言って、味とかサービス、スタッフのレベルも普通ですね。

なんでこんなに流行っているのか分からないです。やっぱり人口が多いからでしょうか。同じ場所で勝負したら、負ける気がしないです」

いま思えば、御馳走してくれている人に向かってよくこんな生意気なことを言ったものだ。一人さんはニコニコうなずきながら、若造のコメントを聞いてくれた。ひとしきり聞いたあと、「俺なりの目線で話してもいいか」と前置きして、こう言った。「シゲは俺と違って飲食のプロなんだし、おまえが言うのはもっともかもしれないな」。一人さんにプロとして認めてもらえた気がして、心の中で「よっしゃ」とガッツポーズをつくった。

「でも、それだけ欠点のある店に、おまえの店は負けてるんだよな」

ガッツポーズが粉々に吹き飛んだ。笑顔の一人さんの口から出てきた言葉に僕の心は打ちのめされた。たぶんあのときの僕の顔は、笑っちゃうぐらいひきつっていたと思う。

「おまえの店がもう一つ伸びないのは、おまえの考え方が原因かもな」

「考え方ですか」

「うん。おまえの考え方は、負ける人間の考え方なんだよ」

思考回路が止まった。

「ま、負ける人の考え方ですか」

「俺はたくさんの人を見てきたけど、人間には勝つ人と負ける人がいる。勝つ人間か負ける人間か、その見抜き方があるんだけど、知りたい？」

「知りたいです。むちゃくちゃ知りたいです。負けたくないですから！」

一人さんは、相変わらずニコニコしながら続けた。

「じゃあ、教えるよ。あのね、人の可能性って、優秀なものに出会ったときの反応で分かるんだよ。自分より優秀な人や、自分のとこよりいい店に出会ったときの姿勢でな。たとえば、この店もそうなんだけど流行ってるだろ。これだけお客さんから支持されてるのには、何か理由があるんだよ。けれどきょうのおまえは、店のアラさがしに目が行ってたよな」

僕は何も言い返せなかった。

実際、僕はうちがこの店に勝っているものは何だろうと必死でチェックしていたのだ。

「同業だものな。負けたくない気持ちってあるよな」

もちろん。勝ち負けではないとは言っても、本音ではやっぱり負けたくはない。

「それくらいの負けん気は絶対に必要だよ。でも、本当に勝つ人なら、そのお店のアラじゃなくて、『この店がお客さんを喜ばせてるものって何なんだろう』ってそう思ってさがすんだよ。アラさがししたら、そのときは気分がいいかもしれない。けど、それじゃ進歩しないよ。相手のいいところを一つでも見つけ、それを学んで持ち帰る。そして、さっさとやるんだ。そういう素直な姿勢があれば、いまは負けてても、やがては必ず勝てるようになる」

そう言われて、いかに自分が進歩しようとしない人間であったかに気づいた。


振り返ってみると、僕は自分より優れた人間に出会うたびに、批判的な目で分析し、アラさがしをしてきたような気がする。一人さんが言ってくれたように、「負けん気が強い」といえば元気よさそうだけれど、そこにはたぶん嫉妬や劣等感ってやつも混じっている。たとえば、「あいつは自分より勉強や仕事ができる」とか、「自分より頭がよさそうだ」なんて思いながら、その劣等感を誤魔化すために、どこかに欠点はないかとさがす。そしてその欠点を見つけて安心する。これじゃ伸びるわけがない。さがさなければいけないのは、反対にその人の優れたところだったのだ。そして、それをさっさと自分のものにしろと一人さんは言う。

なんて簡単なんだろう。自分を伸ばすって、そんな簡単なことだったのか。

僕はさっそくノートを取り出して、書き込んだ。

道は開けるノート

勝てる人間になる方法、それは見栄を捨てて優秀な人間に素直に学び、それをさっさと実践すること

▼一個しかない脳をどう使うかって話なんだよ

気を取り直して店内を観察していた。一人さんの言うとおり、目線を変えただけで、そのお店にあるたくさんのいいところが見えてきていた。僕は感じたままにメモを取っていた。

「これから話すことは、おぼえておいて損はないぞ。いいかい、よく聞けよ。シゲちゃんには『あの人だけには負けたくない』って人はいるかい」

数人のライバルと思っている人たちのことが頭に浮かんだ。

「はい、います」

「そうか。気を悪くせずに聞いてくれよ。あのな、あいつに負けたくないというのは、残念ながらもうその時点ですでに負けてるんだよ」

「え。その段階でもう負けてるんですか」

「そう、勝負はついてるの。だって勝っている相手にそんなこと思わないだろ」

「まあ確かに」。再び頭の中で「シゲがライバルにノックアウトされるの図」が浮かんだ。

「それと、もうひとつ。あいつには負けたくないというときは、そのことをずっと考えてるんだよな。負けたくない、負けたくないって」

確かに、その通りだ。まるで悪い霊にでも憑依《ひょうい》されたように、そいつのイメージがあって、負けたくないという思いに心が占領されてしまう。今振り返ってみると、その頃の僕はそんなことがたびたびあったと思う。

道は開けるノート

負けたくないと思った時はすでに負けている

「そうするとそのあいだは何も考えられないよ。本来人間の脳ってのは一つのことしか考えることができないからね」

そう言われて僕は2つのことを同時に考えようとしてみたが、やはりできなかった。

「その一つしかない脳を嫉妬に使うってエネルギーのムダなの。嫉妬してるヒマがあったら、自分のことを考えるんだよ。どうしたらもっと良くなるかって。そう考えたら、答えは相手の長所を学んで、自分自身を改良進歩させていくしかないだろ。改良進歩すれば、とっとと抜けるんだ。悔しくてもぐっと飲み込んで『おたくはすごいですね。勉強させてもらいます』ってそう言ったほうの勝ちなんだよ」

「負けを認めるみたいで、なかなか言えないです」

「考え方が違うよ。勝ち負けは世間が決めるんだぞ。人間っていうのは、大人になればまわりに厳しい審判がいるんだよ。勝ち負けは、その審判が決めるの。私はすごいんですと威張っている人より、『あの人のおかげで、こちらもやる気が出るんです』と言えば、『こいつはすごいな』って世間はこっちのほうが上だと見てくれる。だから、言葉は悪いけど、審判受けすることを言わなくちゃダメ。これって意外に深いよ。バカにできないよ」

一人さんのすごいところは、決して世間をバカにしないことだ。自分が正しければ、それでいいではない。世間や、まわりにいる大勢の人を尊重し、味方にしている。

「だって、店でも会社でも、そういう審判が応援したり、支持してくれるものだからな」

「はい。わかりました」

「それにね、負けたくないなんていつも言っていたら見苦しいだろ。世の中ってすごく広いんだよ。負けたくなくても、負けるときは負ける。麻雀でも、勝ちっぱなしはないだろ。そこで何を言うかで、その人が分かるんだ。『いやあ、きょうはみんなのおかげで楽しかったよ』とか、『また誘ってね』。5000円負けても、『5000円で1日遊べたらありがたいよ』とかね。人間の真価は勝った時より負けた時に出るんだ。勝った時におごらないってのは意外と誰でもできるんだ。でも負けた時に腐らない、これが難しいんだよ。『負けた時の負け綺麗』って言葉があってな、負けてもきれいなことが言えるかどうかだよ。そういうのを聞いてると、『ああ、こいつは伸びるな』と分かるんだ。負けたくないとか、見返してやりたいとか言ってるやつは、意外と成長しない」

道は開けるノート

勝って威張らず、負けて腐らず

「でも、悔しさをバネにしろとよく言いますね」

「いいかい。それはマイナス感情だよな。劣等感で頑張ろうという時代はもう終わったの。俺はそう思ってる。だって、心の中が嫉妬とか復讐心とか、イヤなもので煮えたぎってるんだよ。それじゃ、愛の言葉も出てこないじゃん。だから恨んだり、妬《ねた》んだりしちゃいけないよ。もし誰かに悪口を言われたら、『自分もだらしないからしょうがないです。これからは言われないように気をつけます』って。そういうやつが伸びるよ」

「確かにそのほうが、ずっとスマートですね」

道は開けるノート

悔しさはバネにならない

店内はお客さんも大分引いていた。一人さんは、腕の時計に目をやった。話を聞くのに夢中になって分からなかったけれど、もうけっこう時間がたっていた。

「こうやって、俺は淡々と生きてきたんだ。勝っても負けても、ありがたいなって言いながらな。そうしたらいつの間にか、こういうところへ出ちゃった。ぶつぶつ言っても始まらないよ。与えられた環境をありがたいな、そう感謝しながら生きるのが一番いいんだよ。そうすると神様が、また勝手に何か用意してくれる。そんなものだと思うよ。そろそろいい時間だから続きはあしたにしようか」

▼人と比べるな

翌日昼、一人さん事務所。僕の前に座ると一人さんはいきなり、「きのうの続きだけど」と切りだした。

「あんまり勝ち負けばかりを気にしちゃダメだよ。人と比べてどっちが上か下かばっかりにみんな気を取られちゃってるけど、テニスをしているときに、得点表ばかり見ていたら相手にやられるんだよ」

いつでも一人さんのたとえは、とてもわかりやすい。想像がつきやすいのだ。だからすっとイメージがわいてくる。

「そんなことより、ボールを見てないとな。ボールって何だかわかるよな」

「お客さんです」

「そう、シゲちゃんの場合なら、お客さんだよね。お客の顔を見て、お客が喜ぶことしてたら、毎日が楽しいんだよ。その楽しさが勝手に増えていくだけのことなの。サラリーマンならいちいち同僚と比べて、どっちが優秀だなんて考えて嫉妬したり、優越感にひたったりするなって。そんな暇があったら、目の前にある仕事をしっかり見るんだよ」

「一人さんに教えられてから、お客さんに集中できるようになってきました」

「そりゃよかった。幸せな人っていうのはね、人と比べないんだよ。人と比べて、あの人に負けたくないとか、あいつにまた負けたとか思ってるから苦しくなるんだよ。だって、考えてごらん。人間って、1日に3回しかごはん食えないんだよ。3度のごはんを食えれば幸せなの。いくら金持ちだって、5回も10回も食べてたら病気なるよ。布団にしても、一枚しいて寝れば十分じゃないか」

「そうですね。立って半畳、寝て一畳といいますね」

道は開けるノート

人と比べない

そこで一人さんは僕の顔を見て、「これも、よく聞けよ」と言った。「そして、若い子たちに教えてやるんだよ」と。

「使いもしない英語ができないからって、コンプレックスなんか持たなくていいんだ。学歴がないからって、バカにされる時代は終わったんだってね」

僕の頭に、一つの顔が浮かんできた。何かあると、「俺、高校中退ですから」「頭悪いっすから」と言ううちのアルバイトの一人だった。

「これからは、15歳で社会に出ようが何歳で出ようが、自分の才覚だけでやってけるんだ。俺だって中学卒業して外に出て、ずーっとこうしてやってきた。学歴がないことで恥かいたことなんか一回もないよ。言われたことすら一度もない。だから、延々とやって来れたと思ってるんだよね。商人目指すのに、そんなものはなっからいらないんだって。俺の目指してる道は、いらないんだ。先生が何て言ってもいらないいんだよ。あんたと俺じゃ、行く道が違うんだよってこと」

「あの。僕、うっかり大学出ちゃいました」

「あ、そうだったかね」

「お話をうかがっているうちに、だんだんと後悔の気持ちが……」

「そういう話をしてるんじゃないんだよ。中学出でも大学出でも、胸を張って生きるしかないってことなんだ。俺が、もし山の手の大金持ちの坊ちゃんに生まれたとしても、それはしょうがないんだよ。そこでがんばるしかない。だって、どんなに坊ちゃんはイヤだと言っても、変わらないじゃん。こうなりたい、ああなりたいと願っても、ならないんだよ。

このあいだもね、講演会に来てくれてた女の子が言うんだよ。私はこうなりたいんです、ああなりたいんですって。お願いすればかないますかって。はっきり言うけど、絶対にかなわないよ。その理由を聞きたい？　ああなりたい、こうなりたいと言ってる時点で、いまの自分に不満があるんだよ」

「それって、劣等感ですか」

「そう。もっと美人になりたいという子は、世の中の美人と比べてるの。才能がほしい、もっと能力ある人間になりたいっていうのも同じ。でも、俺の目から見れば、みんなすごいよ。これも才能、あれも才能、すごい才能だらけなんだよ」

「言われてみると僕の職場でも、みんなすごい才能を持ってます。トランペットがうまかったり、絵が上手だったり。モデルになりたいっていう、超イケメンもいるんですよ。それぞれの才能を大切にしてやると、それが活かせるような事業展開がなんとなく生まれてくるんです。不思議と」

「そうなんだよな。みんな欠点のほうに目が行くけど、欠点なんか気にする必要ないよ。欠点なんか直している暇に長所をどんどん伸ばしていくんだよ。長所をどんどん伸ばすと、それは素晴らしい長所になるよな。すると欠点ですら長所に見えてくるよ」

「本当にその通りです。うちでは、その通りのことが起きてます」

道は開けるノート

長所を伸ばすと欠点までが長所に見えてくる

「じつは、できないということだって、一つの才能なんだよ。できることに自信を持つのと同じように、できないことに自信を持つ生き方だってある。そうしたら、誰とでも対等に生きられるよね」

それははじめて聞いた考え方だ。僕はもうちょっと掘り下げて聞いた。

「できないことが才能って、どういう意味でしょうか。できないことに自信を持つって、どういうことでしょうか」

「いいかい。また英語を例にとるけど、俺は英語できないよ。でも、できないことに自信があるんだよ。英語ができる人はその英語を存分に活かしてください。でも、俺に英語は必要ありません。絶対に英語のいらない人生なんです。いるときには通訳を頼めば足りるんです。つまり、生きる道が違うの。魚でも、真水で生きるやつと塩水で生きるやつがいるよ。その中間で生きる魚もいるしね。おのずから全部違うんだよね。下町に住んでて、下町をイヤだイヤだっていう人間は、下町を活かせないんだよね。何の商売やっても、何の仕事をやっても活かせない」

▼できないこともすばらしい才能だよ

「一人さん、また一つ質問させてください。僕たちはみんな、何かのコンプレックスを持っていると思うんです。そんなものは持たないほうがいいことは、とてもよくわかるんです。だけど、なくせないって人もいると思うんです」

「劣等感があるのはかまわないんだよ。ただ、それがあることに気づくことが大事。だれにだってあるんだよ。困るのはそれがあるって気づかないことだよ」

「どんな人にでもあるんですか」

「何らかはみんな持ってる。それは仕方ないんだよ。大切なのは、それに気づくこと。ふつうの人はなかなか気づかないよ。気づかないまま、その穴を埋めようとするんだよ」

「無意識のうちに埋めようと」

「そう。劣等感って、心の中の穴みたいなものなんだ。人は気づかないうちに、それを埋めようとするの。その埋める方向が、なにがなんでも出世したいとか、人を蹴落としても金持ちになりたいとか、誰かに威張りたいとかね。そっちの方向へいくんだよ。でも、それってあまりうまくいかない道なんだよ。それはもうさんざん説明したから分かるよな？」

「はい」

「自分の劣等感に気づくだろ。そして、これが神様に与えられた自分なんだ、これでいいんだと感謝して、自分の道を一生懸命に生きる。そうすれば自然と解消するよ。これが唯一の解消法。解消するのと、埋めるのとは違うんだ。人を落として埋めようとするのと、穴自体をなくしちゃうのとでは、ずいぶん違うよな。だから、まず穴に気がつかないといけないよ。これをそのままにしておくと、えらいことになっちゃうんだよ」

考えてみたら、僕の道なんか穴ぼこだらけなのかもしれない。でも、その穴を埋めようとするのだけはやめよう。威張ったり、人を傷つけたり、誰かを蹴落とすような、そんなカッコ悪いことをして穴を埋めようとすることだけは。そう思った。

「うんと苦労したから、おまえらも同じように苦労しろっていう人がいるよね。俺の生き方は逆なんだよ。自分が歩いてきて、ここの崖は落っこちるぞっていうのがわかるから、こうしてシゲちゃんにもあらかじめ教えるんだよ。俺は教えてもらえなかったから、教えてるんだ。教えてあげれば、みんな余計な苦労しないですむだろ。だから、片っ端から教えてるんだよ。損か得かは知らない。でも、そうするとまわりに人が寄ってきてくれてね。すごく幸せなんだよ」

僕は何の見返りも求めず、一生懸命に教えてくれる一人さんの優しさのもとになる考え方にちょっとだけ触れることができたような気がした。

道は開けるノート

自分が先に行ったら、後から来る人に落とし穴の場所を知らせる

「じゃそろそろ、この話をまとめるよ」

「はい。お願いします」

「世の中には学歴がないからって劣等感を抱く人もいるけど、そうじゃないんだよ。東大を出た人間は、東大を出てよかったと思えるような生き方をすればいい。中学出の人間は、中学出でよかったって生き方をすればいい」

「そうです。そうですよね」

「ようするに現状を一つも変えず、いまのままで幸せ。そう思う努力が大事なんだよ。間違えるなよ。現状を変える努力じゃないよ。現状そのままで、幸せになる考え方をするのがコツなんだよ」

「現状を変えずに、ですか。僕が本で勉強してきたのは、どうしたら現状を変えられるかって話ばかりでしたけど」

「ほとんどの人はそうだよ。何か変えないと、何か変わらないと幸せになれないってほとんどの人が思ってる。太っていたら太ったまま幸せになれる方法を考える。これって、とんでもなく大事なこと。だから精神論と商売論って同じなんだよ」

「あの。お話の途中ですが、精神論って、何ですか」

「うん。簡単に言うとすべては心で、考え方で決まるという人生論だよ」

「はい、覚えておきます」

「いいかい。コツは何も変えずに、いまのまま幸せになることだよ」

道は開けるノート

現状そのままで幸せになる方法を考える

第5章

仕事の道の開き方

▼仕事もゲームにすれば楽しくて仕方なくなるよ

「きょうは仕事の話だよ」

いよいよ仕事について、一人さんのレクチャーが始まった。この機会に、一人さんに聞いてみたいことがあった。まだまだ駆け出しだけど、僕も自分の店を持っている。経営者として、一人さんの経営術、経営の心得みたいなものをぜひうかがってみたい。お願いすると一人さんは大きくうなずいた。

「シゲちゃんは、いまの仕事が楽しいかい?」

「はい。楽しいと思えるときと、たいへんだと思うときと両方あります」

「もしシゲちゃんが仕事を楽しいと思えるなら、いまの仕事が向いているからだよ。一番いけないのは、向かないことをやり続けることなんだ。いいかい。嫌いなことって、行くべき道じゃないいんだよ。本当に数学が好きなら、その人はいくら勉強しても苦じゃないの。美容師さんは、どんなにたいへんだろうが、閉店後に何時間練習しようが、楽しくてしようがない。それが行くべき道なんだよ」

「いまのお話、僕は今の仕事が大好きなんでよくわかる気がするんですが、世の中には好きじゃない仕事についちゃう人もいると思うんです」

「確かにいるね。でも、それを続けられるとしたら、何か才能があるんだよ。それも事実。本当に嫌いな仕事は続けられないよ。もし本当に嫌いなら、イヤだ、イヤだとグチをこぼしながら行くより、自分に向いた仕事をさっさとさがしたほうがいいと俺は思うね。だけど、どんな仕事でも面白く、楽しくしちゃう方法があるよ」

「どんな仕事も楽しくなるんですか？　どんな方法ですか」


僕の店にはたくさんの若い子が相談に来てくれる。大半は仕事のことだ。ただどういうふうにアドバイスしたらいいのかがよく分かっていなかった。

「うん。一つは、当たり前だけど真剣にやることだよ。サッカーでも何でも、真剣にやるから楽しいの。真剣にやらなかったら、サッカーだって野球だって楽しくないよ。これは分かるよな」


僕にもそれは分かるような気がした。商売を始める前、勉強のためにいろんな職場に潜入した経験がある。どの職場でも仕事がつまらない、面白くないという人間ほど一生懸命にやっていなかった。本人は、こんなつまらない仕事じゃ一生懸命になれないと言う。そうじゃない、じつは一生懸命やらないからつまらなくなるんだと一人さんは言うのだ。

道は開けるノート

楽しいから一生懸命にやるではなく、一生懸命にやるから楽しくなる

「もう一つの方法はね、仕事をゲームにしちゃうんだよ。どうしたら楽しくなるかって、常に考えるの。ほとんどの人は、そんなことも考えないよね。楽しくなるにはどうしたらいいだろうって。どんな仕事でもジーッと見て考える。すると楽しくなっちゃうんだ。信じられないだろうけど、面白くてしょうがなくなるよ」

「それって具体的にどういうことでしょう」

「たとえば、上司が怒ってばかりいるんですって。俺だったら、そんな上司の言葉は滝だと思う。坊さんなんか、真冬でもじっと滝に打たれてるんだよ。そういう修行なんだな。だとしたら、『何とか部長の滝』とか名前をつけて、滝にあたるつも

りで会社に行けば、イヤなことも少しは軽くなるじゃん」

「何とか部長の滝。なんか楽しそうですね」

「そんなものなんだよ。それをあの上司は嫌いだと言うからいけないんだ。イヤだと思えば、何でもイヤになっちゃう。どんなことも面白く、楽しくする方法を心で学べばいいんだよ。だって、仕事ってやらなくちゃいけないじゃない。生きていかなくちゃならないもんな。だから仕事からは絶対に逃れられないんだ。逃げられないものから逃げようとすると苦しくなるの。じゃあ、逃げられないものをどうやって楽しくするか。ゲームにしちゃえばいいんだよ。」

道は開けるノート

仕事をゲームにする

「具体的に一番効果があるのが知恵出しゲーム。成功する人と、失敗する人の違いは、そのあたりにあるよ。知恵がうんと出て、金は使わないやり方が成功するんだよ」

「お金はかけないほうがいいんですか」

「そりゃそうだよ。だって、どんな会社でも1万円を10万円に、10万円を１００万円に、100万円を1000万円にするのが仕事だよ。はじめにお金がなければ、失敗したって、そんなにお金が出てないわけだから。反対に知恵が出なくて、金をたくさん出してると当然失敗するんだよ。金がうんと出ていくときは、仕事してる気になるんだな」

「厳しいですね」

「そもそも企業人っていうのはよく『うちは年商何億です』って言い方するよな」

「普通はそうですね」

「でもそれってなんかおかしくないかい」

普通に使われている言葉なので、なにがおかしいのか皆目分からなかった。

「よく考えてみなよ。年商って規模だよね。でも商売で一番大切なものって何だい?」

「うーん。あ、分かりました。利益です」

「そのとおり。本当に大切なことは規模じゃなくて利益。つまり『あなたの会社はいくら売り上げているんですか』よりも『ところであなたの会社はいくらの利益を出しているんですか』のほうが大事だよ。だから今からの不況期は年商の大きいところより、経費をかけないところの方が勝つんだよ。だから俺の商道はとにかく知恵出せなの。知恵はいくら出したってタダだから。頭は使えば使うほどよくなっていくんだよ。逆に金は使えば使うほどなくなっていくんだよ」

「はい、肝に銘じておきます」

道は開けるノート

不況期は規模を追うより経費をかけずに経営をする

「だからお金をかけずに知恵を出す。脳をフル回転させてる時って、楽しくてしょうがないよ。それがうまくいった時はなおさら楽しいの。ところが、ほとんどの人は頭を使ってないよ。いいアイデアがないから設備投資をする。一番楽しい部分を、苦しみだと思っちゃっているんだな。面白いことにはお金がかかると思い込んでいるから。そうじゃないって。面白くないからお金がかかるの。面白い頭からは、面白いアイデアが湯水のように出てくるの。湯水のようにアイデアを出すための訓練法はきのう教えたよな」

▼1分間知恵出しゲーム

ここで話は前日の居酒屋繁盛店の場面に戻る。じつはそこで一人さんに、アイデアを湯水のように出すための訓練法を教えてもらったのだ。「脳は一つしかない。その一個しかない脳をどう使うかだ」という話のあとで、一人さんは店員さんに2枚の紙をもらって、それをテーブルの上に置いた。

「この繁盛店をもっと繁盛させるにはどうしたらいいか。1円もかけずに、もっとお客さんに来てもらうにはどうしたらいいか。そのアイデアを、できるかぎりたくさん書き出してごらん。制限時間は1分だよ。俺もやるから」

「たった1分ですか。短いなあ」

そう言いながらも、僕は自信があった。なにしろ僕は、飲食のプロなのだ。自分の店を持ち、どうしたらもっと儲かるだろうと日々考えている。僕の予想ではまったく業界の違う一人さんと勝負して、負けるわけがなかった。

ところが、「スタート」の声とともにボールペンを握ると、なかなか出て来ない。出て来るのは笑顔とかプラス言葉とか、みんな一人さんに教えてもらったものばかりだ。一方、一人さんはボールペンをカリカリいわせながら、どんどん書き飛ばしていく。結局、僕が書けたのは3つ。一人さんの紙には、30個ぐらいのアイデアが並んでいた。白紙に近い僕の紙を見ながら、一人さんはこう言った。
「シゲちゃんは、業界的な枠にとらわれているね。これは、いままでの発想の枠を越える訓練でもあるんだよ」

この1分間知恵出しゲームは、一人さんのお弟子さんが集まると遊びがわりにときどきやっている。ただ、これをするには一つだけルールがある。他人のアイデアにケチをつけないことだ。「そんなのできっこないよ」とか「くだらない」などと、否定的なことを言うと、アイデアはたちまち出なくなってしまうのでそれは厳禁。

もちろん僕の店でも、さっそくこれを採用させてもらった。最初はみんなちっとも出なくて、仕方なく酒の力を借りたこともあった。そんななかからいろいろなアイデアが出て、なかには大成功したものもある。前にちょっとふれたウサギの着ぐるみもその一つだった。
「それとね、何か浮かんだら、すぐノートにメモしておけよ。そうしたら100円のノートが、１００万円、１０００万円の価値を持ったノートになるから」

これもそのとき教えてもらったことだった。以降、僕はどこへ行くにも、アイデア帳を携帯している。そのノートからこの本が生まれたのだ。

道は開けるノート

１分間の知恵出しゲームとアイデア帳

▼神様が用意してくれたイス

事務所での講義が続いた。「シゲちゃんは九州からわざわざ来てるから」と、一日でかなりのことを教えてくれる。一人さんはそういう気遣いをさりげなくしてくれる優しい人だ。


「神様のイスの話はしたかな」

「神様のイスですか？　聞いたことがないと思います」

「まだだったら、その話をしようか。これは若い人にぜひ聞いてもらいたい話なんだけど、年輩の人も覚えておくと、きっと何かのとき役立つし、生き方が違ってくると思うよ。その話はね、こんなふうに始まるんだよ」

「はい」

「あなたはいま道を歩いています。しばらく行くと、神様が集まって会議を開いているところに出くわしました。よく見ると、末席に一つだけ空いているイスがあります。シゲちゃんなら、どうしますか」

「う〜ん。迷います」

「そうか。正解は、とっとと座るだよ。じゃあ座ったとして神様たちの話を聞いていると、あなたが発言する番になりました。どうしますか、シゲちゃんは」

「神様の前で発言するのは怖い気がします」

「そうやって人は２つの過ちを犯すんだよ」

「過ちですか」

「うん。神が用意してくれた場所があるんだよ。一つ目の過ちはたとえば、ここで働きなさい。そう言われたら、ここで働けばいいんだ。ある日、『チーフになりなさい』『課長になりなさい』『この仕事をやりなさい』って言われる。それを『私でいいんですか？』とか、『ここへ座っていいんですか？』『それあまり好きじゃないんです』とかごちゃごちゃ言いすぎるんだよ。２つ目の過ち。もしあなたの意見を述べよと言われたら、思っていることを言えばいい。それをいちいち、隣のやつらの顔を見て、こんなこと言っていいんですか、まだ自信ないんです。そうじゃないんだよ。神様が『意見を述べよ』と言うんだから、迷わず言えばいい。人はだれにも神様が用意してくれたイスがあるんだよ」

「神様がイスを用意してくれるんですね」

「そう。その最たるものが仕事なんだよ。ああいう仕事がしたいとか、こういう仕事はイヤだとか言うけれど、結局、仕事って何でも同じなんだよ。それは神様が用意してくれたイスなんだから、いろいろ言わずにとっとと座るの。そうしたら何でもやれるんだよ」

「はい。ただ思うんですけど、世の中には絶対にこのポジションにつきたいとか、こうなりたいと言って、モーレツにがんばっている人もいますよね。イチロー選手みたいに、子供のころから大リーガーになりたいとかって」

「たしかに最初から決めてやっちゃう人っているよ。それはそれですごいよね。でも、みんながそういう道を行けるわけじゃないぞ。たいがいの場合は、流れに沿っていくほうがいいと思うよな。神様が用意してくれたイスに座り、そのなかで自分のやりたいものを見つけてやっていく。そこで楽しむの。そうすれば、誰でも自分の生きる場所みたいなのができるんだ」

「居場所が見つからないって、悩んでいる若い子がけっこう多いんです。この話をぜひ聞かせてやりたいなあ」

「神様が居場所を用意してくれているのに、イヤだと言えば見つからないよね。そこで一生懸命やってごらんって。一生懸命になれば、面白いんだから。そうなればお祭りだよな、ひとつの。人生なんてお祭りにできるかどうかだよ。世の中って、そんなに難しくないよ。何度も言うけど、それだけなんだ。そんなふうに神様の流れに沿っていると、いいことが起きる。明るく、機嫌良く働いていると、成功の道みたいなものがきっと出てくる。そうしたらそっちへ行けばいいんだ」

「人生をお祭りにできたらいいですね。僕も絶対にそうしたいです」

「そうだろ。流れに沿って、そこで楽しくやっていればお祭りになるんだ。お祭りって、なにも神輿《みこし》や文化祭みたいに年に一回だけじゃないよ。人生っていうお祭りがそこにあるの。今ここにな」

「人生自体が祭りですか……。そう考えるとワクワクしてきますね」

　祭りで育った僕なので、考え方を変えればあのワクワク感が毎日来ると思うと、とっても嬉しくなってしまった。

「そうだろ。だからだいぶ以前、自分の夢が分からないというシゲちゃんに、『夢がなくてよかったな。これから何でもできるぞ』と言ったのも、それなんだよ。最初から夢を持ち、何がなんでもとがんばる生き方もある。でも、別の生き方もあるんだ。人はもっと自由に生きられるの」

「はい。あのときにそう言ってもらえて、本当によかったです」

道は開けるノート

人生は神様が万人にくれた祭りであると考える

「神様のイスの話をもうちょっと詳しく言おうか」

「はい。もっと聞かせてください」

今、一人さんの前に自分が座らせてもらっているのも神様の用意してくれた椅子なんだって考えると、僕のワクワクはさらに大きくなっていた。

「それはね、神様はご褒美を先にくれるってことなんだよ」

「先にくれる?」

「そう。シゲちゃんが店をやったときもそう。とりあえずオーナーになったけど、なった時はオーナーの実力なんかないんだよ。シゲちゃんみたいな実力不足でも、オーナーをやってごらんよって、しばらくのあいだは神様が持ちあげてくれる。そのあいだに一生懸命に実力をつけるんだよ。じゃないと落っこちるよ。落っこちても元に戻るだけと言うけど、そうじゃない。上から落っこったときは身体中バラバラになるほど傷つくんだよ。元に戻るんじゃなくて、大ケガする」

「持ちあげられているあいだが勝負なんですね」

「そう。だから浮かれてなんかいられないよ。神様が、『おまえ、店長になれ』『課長になれよ』『社長になってごらん』って言うときは、まだまだ実力がないんだ。でも、しばらくは見守ってくれるからね。そのあいだに実力をつけるんだよ」

そういわれると、僕にも思い当たることがあった。ものごとが調子よくいって、これが自分の実力だなんて錯覚していると、決まって次にガツンとやられて自分の力を思い知らされる。喜びたいときこそ浮かれずに、気を引き締めなければいけないのだ。

道は開けるノート

神様は先にイスをくれる。その間にせっせと実力をつける

▼優秀な人間を少数集めるのが「少数精鋭」じゃない

あたりはすっかり暗くなっていた。その年の冬は寒かった。コンビニで買ってきたおでんとお茶をつまみながら、さらに話は続いた。

「ほかの経営者と話すと、働かない社員がいて困るってよく聞くんです」

「いるだろうね。給料もらいながら働かないで、金だけもらっているやつって。とんでもない悪だよな」

「悪ですか……」

「そりゃそうだよ。社長が給料渡さなかったら、そいつ相当の悪だろ。それと同じで、給料もらって働くために来たのに、サボってたら大悪人だろ。うちの会社は大悪党つくるような罪なことはしない。許さないんだよ。働きに来たんだったら働けって」

「そういう人は、どうしたらいいんですか」

「追い出す」

「はっきりしてますね」

　竹を割ったような答えだったので僕は思わず笑ってしまった。

「うちは楽しく働くことは推奨してるし、楽しいことはいいことだけど、サボっていいとは言ってないんだよ。10人要るところを５人でやるの。それではじめて立派な人材なんだよ」

「10人のところを５人で。たいへんじゃないですか」

「優秀な人間を少数集めたからって、少数精鋭なんじゃないんだよ。どんな人間でもいいから、少ない人数で働いてると、みんな精鋭になっちゃう。優秀になるんだよ。人は集めすぎると害になる。10人要るんだったら、なんとか７人でやるの。そうすると、必ず怠け者２人が出ていくよ。残った５人は慣れちゃって、５人で10人分の仕事ができるようになるんだよね。そういうものなんだよ」

「スタッフの能力が上がるんですね」

「そうなんだよ。人の能力って、そういうふうにして上がっていくの。うっかり怠け者が入ってきても、あんまり他の人が働くんで逃げていっちゃうから。反対に一人でもサボってるやつがいるときは、そいつだけじゃないよ。みんなサボってる。なぜかっていうと、働き者はサボってるやつを許さないから。サボるやつを許す雰囲気があるっていうのは、他のみんなも働いていないということ。要領の悪いやつがウロウロしてるだけで。要領のいいやつは働くフリしてるの。つまり怠け者がいられる環境なんだな。6人いる職場で一人やめたら、売り上げが6分の1減るのが普通だよな。でも全然下がらないんだとしたら、そいつは一体何をやってたんだってことになる」

「そうですね」

「ちゃんと働かないやつは人害だよ。それって、すごく大切なことだよ」

道は開けるノート

一人で二人分働けばその人は精鋭になる

「人間ってのは、一生懸命やってるから応援が出る。ダラダラダラダラやってたら、応援する方だって面白くないんだよ。おまえの店だって、社長も従業員も一生懸命やってるから、そこに感動が生まれてくるんだよ」

ジーンときた。一人さんにそう言ってもらえるのは、僕にとって最大の喜びだ。小さくても感動を与えられる店づくりを目指してきた僕たちには最高の言葉だった。一人さんと会ってからというもの心が溶けてしまったのか、涙もろくなったような気がする。思わず涙が浮かんできそうになった。でも必死でこらえた。

▼神様を味方にしたければ、神様もいらないほどがんばればいい

僕はここでずっと不思議に思っていたことがあった。それは一人さんの話し方だ。僕は勉強のために、記録したレコーダーを毎回起こしていたのだが、不思議なくらいきれいに矛盾なく言葉が並んでいるのがわかる。前半で僕が書いた「一人さんの教えを全部かいたら何十冊になる」というのは、一人さんの場合、話したらそのまま本になってしまうくらい言葉がきれいだからなのだ。なぜそんなに次から次へと言葉が出てくるのかを質問した。するとこんな言葉が返ってきた。

「目の前にいる人がどうしたら幸せになるかに集中したら、勝手に言葉が出てくるんだよ。逆に自分をよく見せようとして話したら言葉が止まるんだ」

これはすごい真理だと思う。その続きはこんな感じで始まった。

「シゲちゃん。他力って言葉を知ってるかい?」

「他力本願の他力ですか」

「うん。俺の考え方の根本は、他力の発想なんだよ」

「人を頼るってことですか?」

「普通はそう思うよな。でもこの言葉の意味って実は違うんだよ。他力っていうのは天の力。ただ一般の人は、他力というと何かに頼りきって、自助努力がないものだと思っちゃう。逆なんだよね。自分が一生懸命努力してると、天から力が与えられるんだ。高校野球だって、あの子たちが一生懸命やってるから人が応援するんだよ。まわりの他人が思わず応援したくなる、それが他力の意味なんだよ」

「なるほど。たしかに一生懸命な若い子を見ると、僕も応援したくなります」

「仕事も、自分のことだけ考えながらやってると、ものすごくうまくいくようだけど、いつかダメになる。ところが、人様のためだとか、そういうこと考えながらやってると不思議な力が出るんだ」

「それが他力なんですね」

「そう。簡単にいうと、もっとお客さんを喜ばせるにはどうしたらいいだろうって考えてると、他力が入って仕事って自然と大きくなるんだよ」

道は開けるノート

人の幸せを考えて、一生懸命に取り組むと、他力を得ることができる

神様というと頼るもの、すがるものだというイメージがある。しかし一人さんは、一生懸命にがんばっている人だけ、神の応援をもらう資格があるというのだ。

「神様は、神の味方もいらないほどがんばる人に味方してくれるの。だからどんどん伸びていく。神の味方が欲しかったら、神の味方がいらないぐらいやってみる。そうすると他力が出てくるんだよ」

「はい。分かりました」

「こんなことを言うと必死でがんばれ、ムリしてでもがんばれと言ってるみたいだけど、そうじゃないんだよ。自分のできることでいいって。ささいなことでいいよ。その、ささいなことを一生懸命やってるうちに、何か変化が起きる。ムリしちゃダメだよ」

一人さんにそう言われると、僕にも可能なことのような気がしてくる。「よし。やってみよう」という勇気がわいてくる。僕は何か大きなものを追うあまり、小さなことを軽んじ、ささいなことをバカにしているのかもしれない。その結果、自分にできることまで、一生懸命にやらなくなってしまったりするのだ。

「だから自分のベストを尽くせばいいんだ。ベストを尽くすというと、日本人はムリすることだと思うんだな。だから長く続かないし、苦しそうな顔になっちゃう。俺が言うベストって、そうじゃないの。怠けることなく、ムリすることもなく、自分のできることを黙々とやるんだよ。そうしたら他の人間が遊んでいようが、サボっていようがどうでもいいの。ムリしてベストを尽くす人は、『私はこんなにがんばっているのに』って、必ず相手に見返りを求めるようになるよ」

「はい。しっかり覚えておきます」

道は開けるノート

ベストを尽くす。それは怠けず無理せず、今自分ができることをやるということ

「できることをやればいい。一歩一歩改良しながらいけば、絶対にうまくいく。そうすると、いつか沸騰点が来るんだ。爆発的に伸びるときが来るよ」
「俺はしみじみ商人っていいなと思ってるんだよ。だって学歴で差別しないし、家柄だって必要ない。商人の世界はすごいよ。喜ばせたもん勝ちなんだよね。人を喜ばせることばっかりしてれば、自然と売れるし、儲かるんだ。だから商いこそ神の道だって思う。やっと商人の時代になった、やっとまともな時代がやって来たんだと思うよ」

そこで一人さんは、少し間をおいて言葉を続けた。

「ただね、その商人の世界でおれがしてきたことを話しても、みんながやれるわけじゃない。人にはそれぞれの道があるし、向き不向きもあるからな。だから基本を話したんだよ。基本というのは時代がどんなに変わっても、業界が異なっても、それに場所が違っても通用するものだから」

武道でも何の世界でもそうだが、やはりうまくいっている人ほど基本を大切にするという。

日本一の商人と呼ばれる人の教えの根本はウルトラCでもなんでもなく、純粋なまでに基本に忠実なものだった。

第6章

道が開ける一人さん流「幸福論」

▼心さえ優れていれば、必ず優れたことができる

2006年2月、バレンタインが間近の新小岩商店街。まだ寒く、あったかいものでも飲むことにしようと、たまたま見つけた小さな喫茶店に入った。

「日本全国こうやってすっと入れて、『コーヒーちょうだい』って言ったらコーヒーが出てくる。これってすごくハッピーなことだよな」

そう言いながら一人さんは幸せについて語ってくれた。


「シゲちゃん、幸せって何だと思う?」

「幸せですか」

「うん。幸せ」

「そうですね。お金持ちになれば、幸せになれると考える人も多いです」

「そうだよな。でも、いま幸せじゃない人は、どんな金持ちになっても幸せにはなれないんだよ。たとえば、俺がクルーザーでも買って海に出たとするよ。けれど、俺が海に出たって誰も喜ばない。魚さえ喜ばないんだよ。そんなことを続けていると、だんだん寂しくなっちゃう」

「寂しくなるんですか。クルーザーとかって最高のぜいたくだと思うんですけど」

「俺もお金を稼いで気がついたことなんだけどな、人間は、人に喜んでもらえないと寂しくなっちゃうの。それで仕方なく金持ちばっかり集まって、お互いにいろんなものを自慢し合ってる。俺はクルーザーなんか買わないけど、どこへ行っても友だちが待っていてくれる。嬉しくてしょうがないよ。だから金持ちになんかならなくたって、俺は幸せだったの。まわりに、いつもこんなにたくさんの人がいる。それが俺には幸せなの」

「いいですね。友だちや、仲間がいるって最高の幸せだと思います」

「だから、俺の言いたいことはね、いますぐ幸せになれるよってこと。いますぐならなくちゃ、成功したってなれないよって。それなのにみんなは成功したら幸せになるって考えだから、いまが面白くないよね。昔から俺が言うことは同じなの。人間は、考え方一つで幸せになれるんだよ」

この言葉が一人さん流幸福論の基本だ。人の幸せは、考え方の問題だ。どんな状況にいても人は考え方で幸せになれる。逆にいえば、不幸だって同じだろう。どんな恵まれた環境にいても考え方が不幸なら、幸せにはなれないということだ。

「考え方一つで商売も繁盛できるよ。繁盛しない人は、繁盛できない考え方なんだ。アイデアだって、心から生まれるだろ。だから心は磨いとけといつも言うんだよ。心さえ優れていれば、必ず優れたことができる。成功だって心の中にあるんだよ。心というものが神だから、この心を自由にできれば、絶対に成功するの」

道は開けるノート

すべての幸せは人の心から生まれる

「心を自由にできる、それってどういうことでしょう」

「たとえば、天国言葉も心をコントロールする道具だよね。常にハッピーな言葉を使っていれば、いつも心を明るく機嫌よくさせていられるよ。これはとっても大切なこと。人には、どうしても悩みってあるだろ」

「ありますね。けっこうあります」

「このあいだも、兄貴が酒飲み過ぎて、アル中で困っている、何とか立ち直らせたいという人がいてね」

「それはつらいですね」

「その人にも言ったんだけど、この世のことって、みんな修行なんだよ。どこへ行っても修行なの。つまり、自分の修行からは逃れられない。それをイヤイヤやるか、心をコントロールしながら楽しくやるかだけの違いだな。だからこう考えてごらんって。人っていうのは、みんなこの世へ修行にやって来るんだってな」

「みんな、自分に一番しっくり来るところを選んでやって来たんだよ。神様のイスじゃないけど、みんなそこに呼ばれて来るの。あとは機嫌よくやるしかないんだな。なんせ修行なんだから」

「自分が選んだら文句も言えなくなっちゃいますね」

「そうだよ。なのに逃げ出せないものから逃げようとするから、苦しくなるの。これも自分の修行だって考えれば、少しは機嫌よくできるんだよ」

道は開けるノート

自分に起きることは、全て自分の選んだ修行である。いやいや取り組むのも、楽しくクリアするのも全て自分次第

▼この世で自由になるのは、自分のことだけなんだよ

「この世の修行は自分論なんだよ」

「自分論……ですか？」

自分論って何だろう。ときどき一人さんの口からは、僕には理解できない言葉が飛び出してくる。

「そう自分論。どういうことかというとね、アル中の兄ちゃんに酒は飲むな。こういうやり方があるから、やりなって言うよね。でも当然兄ちゃんは酒をやめない。そうしたら、今度はアドバイスした自分が苦しくなるの。相手が自分の思い通りにならないから」


相手が自分の思い通りにならない。その言葉はグサッと来た。確かに人が悩む原因のほとんどは人間関係だ。そしてその悩みの原因は相手を自分の思い通りに動かそうというところから始まるのだと気づかされた。

道は開けるノート

相手を変えようとした時に苦しみが生まれる

「たとえ兄弟でも、親子でも一心同体じゃないいんだよ。魂は、みんな別々なんだ。だからどんな環境であっても、自分自身は幸せのほうへ行かなくちゃいけない。それがいいんだよ。悪いものに引きずられると自分も不幸になっちゃう。それは一見、愛みたく見えるけど、愛ではないいんだよ。悪いものに引きずられないことが愛なの。だからその人が、私たち家族は、いったい何を学ぶべきでしょうかと言ったら、兄貴は兄貴、自分は自分だということ。兄ちゃんは兄ちゃんで、アル中になったら兄ちゃんの問題。自分は酒を飲まなきゃいいんだよ」

「理屈はよくわかるんですが、それって、なんか冷たくないですか」

「そう感じるか、分かった。いいかい、これは冷たさじゃないよ。悩むというのは、よく考えることを悩むと言うんだよ。よくも考えないで、頭をゴチャゴチャさせているのは、頭を使っていないということなんだよ。頭を整理しなくちゃいけない。どういうことかっていうと、兄ちゃんと自分を切り離すの。競艇狂いの親父がいたって、競艇は自分がやらなきゃいいんだ。こういう人はどうにかなりませんかって、ならないの」

「相手は変えられないっていうことですね。でもなんかさびしいな」

「重要なことだから、よく覚えてな。この世でなんとかなるのはたった一つ、自分のことだけなんだよ。自分が信念を持って自分を変えると、まわりも変わりだす。自分を変えずに相手を変えようとすれば、地獄が始まる。この世の修行というのはこういう仕組みになっているんだよ。大事なことは自分がまわりに引きずられないことなんだよ」

道は開けるノート

自分が変わると相手が変わり始める

「突き放すとは違うんですね」

「そう。まず自分を変えてみるってこと。なぜかっていうと、この地球は魂が成長する場所なの。魂の成長場所っていうのは、簡単に言うと、いろんな魂がいて、ここで学びながら成長するんだよ。それで、この星には頭のいいやつもいれば、悪いやつもいるの。魂の進んでいるやつと、進んでいないやつがいるの。だからいいんだよな。だって、自分より進んでいる人からも、遅れてる人からもその気になれば十分に学べるんだよ。俺の言ってることが、絶対に正しいわけじゃないよ。人それぞれ正しさは違うの。それでいいんだよ。ただ、こう考えると幸せになれるよということ。いますぐ幸せになるには、これしか方法がないんだよ」

▼人はだれかを恨んだまま幸せにはなれない

コーヒーをお代わりして一人さんは言った。

「俺の言うことが絶対正しいわけじゃないけど、幸せになるのに絶対欠かせないことが一つある。これはたぶん正しい。そこを無視して幸せになるのは不可能だってことがあるんだよ」

「なんですか？　それってめちゃくちゃ大切なことですよね」

「うん」

「教えてください」

「もう教えてるよ。最初にシゲちゃんに言った天国言葉、全部言ってみな」

「ついてる、うれしい、楽しい、感謝してます、幸せ、ありがとうです」

「もう一つ忘れてるよ」

「えっと……あ、そうだ。『許します』です」

「そこだよ。だれかを恨んだまま人は絶対に幸せになれないよ」
人を許す——。これは僕だけじゃなくてたくさんの人にとっても、許せない人、大嫌いな人ってのはいるんじゃないだろうか。

「どうすればいいんですか」

「だからそこで天国言葉なんだよ。嫌なひと、許せない人を心で思ったまま、人は絶対に幸せにはなれないよ。心が暗くなったとき、『許します』って言って天国言葉で心に電気をつけるんだよ。それともう一つ方法がある」

「その人を好きになるように、その人のいいところを見ればいいんですね」

「それができればそれに越したことはないんだけど、そんな我慢みたいなことでクリアできればそんなに悩まないいんじゃないか?」

「うーん、やっぱり分かりません」

「あのな、自分が相手にとらわれているときに、相手が何をしているかを知ればいいんだよ」

「どういうことですか?」

「たとえばおまえが一晩中その人のことを思って眠れないとする」

「あります、あります。悔しくて眠れないとき」

「でもな、相手はおそらく高いびきをかいて寝てる」

そりゃそうだ。僕は妙に納得した。というか、ストンと腑《ふ》におちた。傷つけられたほうは忘れなくても、傷つけた人っていうのは意外と忘れていることが多い。それどころかその傷つけた人に限って「自分ってお人好しで困っちゃってさ」と幸せな勘違いをしていることも多々ある。

道は開けるノート

あなたが悔しくて眠れないとき、傷つけた相手はちゃんと寝てると知る

「そう考えたら、おまえはただでさえ傷つけられて、人生の大切な時間を費やして全身全霊をかけてその人のことにとらわれているのに、相手はスヤスヤと寝てるなんて、その状況のほうが悔しくないかい？」

「めちゃくちゃ悔しいです」

「だから相手っていうのは変わらないんだよ。そんなことに時間を使うより、公園に行って花を見てるほうがよっぽどハッピーだよね。人間の脳はしょせん一つのこ

としか考えられないんだから、いやなものを忘れる努力をするよりも、自分を幸せにしてくれるものに心を向ければいいんだよ。そうすれば心が幸せになっていくから、人を許す余裕が生まれるんだよ」

深い。とても深い。かつシンプル。僕はその「相手は寝てる」の言葉で、今までの嫌いな人たちに向けた思いがばかばかしくなってしまった。

道は開けるノート

嫌な人に心を向ける時間を、自分を幸せにしてくれるものに心を向ける時間に使う

「難しい話になっちゃったな」

「いえ。とてもためになりました。これもたくさんの人たちに伝えます。たぶん人を許せなくて悩んでいる人ってごまんといるはずなので」

「じゃあ、最後に言っておくよ」

「はい。お願いします」

「シゲちゃん、笑顔はいいかい。笑顔を磨いているかい。言葉は大丈夫かい。いつもマイナス言葉を刈り取っているかい。マイナス言葉は雑草みたいなもの。気を抜

くと、いつでも生えてくるんだよ。これでもうできた、クリアしたはないぞ。先祖代々がんばって耕したビロードのような柔らかな土だって、休耕田にしたらたちまち雑草が生い茂って、土もカチカチになるの。また水田に戻すのはたいへんなんだよ。だから、休まずに雑草を刈るんだよ。幸せな心を持ちたかったらな。雑草を刈り続ける勇気を持てよ」

僕の心を一気に軽くしてくれた一人さんの幸福論、一人でも多くの人に知ってもらいたい。

第7章

自分の道の歩き方

▼自分の道を行け、それが一番早い

3月。春の匂いがしてきて、一人さんの事務所に向かう新小岩商店街にも、「春のセール」ののぼりが立ち並び、心なしか、道行く人たちの間にも春を迎える空気が流れていた。

一人さんはその日も、にこやかに僕を迎えてくれた。黒のスーツ、オールバックの髪。いつもと同じ一人さんスタイルだ。キラッと光るネックレスと、腕の高級時計も変わらない。

そういえば、「俺はこんなファッションが好きなわけじゃないんだ」と話してくれたことがあった。

「人は心を磨かなきゃいけないって事あるごとに言ってきたよな」

「はい」

「でもここが見落としがちなんだけど、人は内面だけじゃなくて外見も重要だよ。押し出し、ハクみたいなものがいるんだよ。なぜかって、人はベンツに乗ったり、ロレックスしているほうがすごいと思うんだな。俺、すごいなんて思われたくないよ。でもね、もしボロボロの服を着ていたら、どんなに言ってることが正しくても耳を傾けてもらえない。誰も話を聞いてくれないんだよ」

「そんなもんですかね」

「じゃおまえだったら普通のお兄ちゃんとキムタクが同じこと言ったらどっちの言う事を聞く?」

「あ、なるほど」

道は開けるノート

人は外見で判断すると知る

「信じたくはないかもしれないけど、これは本当のこと。それがいい悪いじゃなく、そういうものなの。だから話を聞いてもらうには、それだけの準備がいるんだ。世の中の人が聞いてくれなくても私は正しいこと言ってる、自分が正しければそれでかまわないっていうのは、本当は大したやつじゃないんだと思うよ」

　そう言われて、思わず自分のジーパンに目を落とした。ジーパンにTシャツ、ブルゾン。おまけに髪にも少し茶が入っている。こんな、いかにも若者風のファッシヨンじゃ、ちょっとマズいのかもしれない……。

「シゲちゃんは、シゲちゃんでいいんだよ。人はそれぞれ違うからね。俺と同じように生きろなんて言ってるわけじゃない。ただ、人に何かを伝えていく道を選ぶんなら、外面もおろそかにするんじゃないよって言ってるの」

道は開けるノート

話を聞いてくれる人のために外見を良くするのは愛である

はっきり言って外見なんかほとんど気にしたことがなかった。一人さんは、そんな僕の性格を見抜いたようにそう言った。一人さんの前では、隠しごとなんてできないなあ。やっぱりこの人はすごい。こんな大人になりたい。そう思った。

「僕、一人さんの真似します。一人さんみたいにカッコイイ大人になりたい」

「いやいや、俺の真似なんか絶対しちゃいけないよ。できっこないしね。それは俺がすごい人間だからじゃない。人には向き不向きがあって、それはとっても大切なことだと俺は思ってるんだよ。だから、本当は俺はあまり教えてやれることがないんだよ。真似したいって言ってもらえるのはうれしいんだけどね」

僕はその言葉にちょっとへこんでしまった。

「まあ、先に生まれて、そのぶん長く生きてきたから、このくらい一生懸命やれば、何をやっても成功するんだって、その程度のことは教えてやれるけどな。俺のように生きろなんて、絶対に言わない。というわけだから、シゲちゃんも俺の話なんか、半分ぐらい聞いておけばいいの。そんなものだと思うよ」

「いえ。一人さんがそう言っても、僕は100%聞いて、100%やらせてもらうつもりです」

「そうか。おまえがそれで幸せなんだったらそうしたらいいよ」

そんな僕を見て一人さんは笑っていた。

▼本を読めよ。1500円の本も10回読めば150円だ

「いいかい、シゲちゃん。これから話すことは、どんな生き方してようが大切なことだぞ」

そう言われて、僕は思わず背筋を伸ばした。

「俺、一人って名前だよな。これけっこう気に入ってるんだよ。その『人』という漢字だけどね、どんな意味か分かる?」

「人と人が支え合っているところって、よく言いますよね。結婚式のスピーチなんかで、何度か聞いた覚えがあります」

「正しくは、そうじゃないんだよ。あれは、人間が足を広げて、独りで立ってる姿なんだ。人って、自分で立つものなんだよ。誰かともたれ合ってるんじゃない。だから、みんな自分の道を行くしかないし、それが一番てっぺんに近い道だよ。もし上へ行きたいなら、誰かの道をうらやましがったり、人にもたれて歩くより、自分の道を行くほうがずっと早い」

「自分の道。いくらかは見えてきたんですけど、まだよくはっきりとは見えないんです」

「だからきょうは、その話をするよ。『自分の道を行く』っていうこと。それで、とりあえずこの『道は開ける』の連続レクチャーは終わりとしようか。これが始まって何回東京に来たかな？」

「7回目です。ラッキーセブン！」

「ちょうどいい数だな」

「ちょっと個人的なことを話すけど、うちのお袋って変わってたんだよ。うちは下町でね、そのせいかもしれないけど、小学校も5、6年生になると競馬や花札なんかに興味を持つやつが出てくるんだよ。時代だよね。するとお袋が、おまえも馬券を買いな、花札やりなって言うんだ。その理論がすごくてな。男なんてどうせ一度は狂うんだから、若いとき狂っといたほうがいいと。若ければ金がないんだから、取られても大したことないって。おとなになって始めたら金額が大きいってさ。だからいまのうちにやれって。そう言うんだよね。酒も飲めって言うしね」

「一人さん。小学生のころ、そんなことしてたんですか」

「さあ。それはヒミツだよ」

「それにしても、一種の英才教育ですね」

『孟母三遷《もうぼさんせん》の教え』っていう言葉がある。ちょっと意味は違うかもしれないけど、人間学という意味ではすごい考え方をするお母さんだ。

「かも分かんないね。ついでに言うけど、たとえば、俺が野菜を残すじゃない。『食べなきゃ、栄養がかたよるから食べな』じゃないんだな。『おまえは野菜が怖いのか、こんなものに負けるのか』って。お袋の教育は、たった2つしかない。なんでも食って、どこでも寝られる。これが男の条件だと。でないと、戦地で死ぬぞって。おふくろの家は軍人の家系だったからね。日々、臨戦態勢だったんだよ」

「すごいお母さんですね」

「もっとすごいことがあるよ。それは俺のこと、無条件で信じてくれたこと。俺が学校サボるだろ。その時、言うことが、『学校へ行け』じゃないんだ。『おまえぐらい学校へ行かないなら、社会に出て絶対出世する』って言うの。あれには弱いよな。なにが弱いかって、無条件で信じられたら迷惑かけられないんだよ。よく子供の将来が心配だって言う親がいるけど、心配するというのは、信じてないってことだよ。信じていたら心配はしない」

「そういうものかもしれませんね」

道は開けるノート

（お母さん向け）…「信じてるよ」この言葉で子供は育つ

「前置きが長くなったけど、そんなお袋でも、本当は俺を大学へ行かせたくて仕方なかったんだ。大学へ行って遊んでいてもいい。大学へ行ったらいろんな人と知り合いになれるだけでも得なんだ、って話をしてたよ。最後にはあきらめたけど。シゲちゃんも一時期、出会いを求めていたようだけど、出会いたいって思いはそれほど根深いんだな」

「はい。そう思います」

「でもな、もう一度言うけど、俺は人と会うことに、そんなに価値を見出してないんだよ。誰かに会いたくなったら本を読めばいいの。本には、その人の最高のことが書いてある。エッセンスだよな。著者はそこに全力を注ぐんだから」

　この言葉は今となってはよくわかる。一冊の本を仕上げるまでというのはものすごいエネルギーがかかるものなのだ。ほとんどの著者は持ってるものはとりあえず詰め込むと思う。またそれくらいの気合いじゃないと簡単に本は書けない。

「実際に会ってみると、本に書かれている以上だったなんて人間はほとんどいないよ」

「そんなことはないです。一人さんは本以上でした。僕も自分の書く本に負けないようにがんばります」

「ははは、ありがとね。だからな、本は読めよ。いいと思う本と出会ったら何回も読んで、徹底的に読み込んで、さっさと実践するんだ。1500円の本を10回読めば、1回150円になるだろ。100回読んだらいくらになる？」

「15円です」

「そう考えると安いもんだよ。読めば読むほど無限の価値が広がっていくんだからな。俺だって、教えられることはなんぼでも教えるよ。でも、よく自分のこと考えてみると、教わって役立ったことって何だろうって思うよ。自分で考えたほうが早いかも分からないぞ。本をしっかり読んで、自分でどんどんどんどん実践していくほうが効果が高いかもしれないよ」

道は開けるノート

著者に会うより その本を何回も読む

一人さんのこの話を聞きながら、ふと思った。

僕は、自分の頭でしっかり考えているだろうか。自分で考えるより、てっとり早く誰かに教えてもらいたいと思っていないだろうか。少なくとも一人さんに会う以前の僕はそうだった気がする。それで自己啓発や能力開発のセミナーにもよく顔を出した。それが悪いことではない。「あのセミナーはどうだった」と評論家になる前に、いくら情報を入れてもそれを全く使いこなすことのできない自分を見直す必要があるということなのだ。いろんなノウハウやハウツーを教えてもらえば、それで人生がうまくいくように考えているところが、確かにあった。それだけラクをしようとしていた。

そんな僕にとって、「俺のまねなんかするなよ。一人ひとり道は違うぞ」という一人さんの言葉は、ズシンと胸にこたえた。

▼自分のドラマをしっかり生きているか？

「人はなかなか変われないんだ。変われないから、あの人はすごい、あの人みたいになりたい、あの人の話をもっと聞きたいと思う。すごい人の成功話や苦労話を聞いて、そのときはなんか役に立ちそうな気になるかもしれないけど、実際は違うよ」

「確かにそうですね。聞いて2、3日は感動が残っていて、自分も変わったような気になるんです。でも、しばらくすると、もう元のモクアミというか。すっかり忘れちゃうんですよ」

「そんなもんだよ。だって人はみんな生きる道が違うんだよ。その人の話は、特別な話なの。なんぼ聞いても自分が使いこなせるかどうかは別物だよ。だって、よく考えてごらん。自分はその人と同じ環境にいるわけじゃないもの。お袋の話をしたから言うけど、親の教育のしかただって、シゲちゃんと俺とじゃ同じじゃないんだよ。それくらい人生が違うんだ。だから俺は成功話も苦労話もしない。そんな他人の話を聞いて、うらやましがる前に自分の道があるんだよ。だから自分の道を歩きな。自分の道を生きていけば、てっぺんまで行けるんだよ。なぜかって、自分の道こそが神の道だからね」

「その自分の道が、みんなわからずに悩んでいると思うんです」

「自分の道って、どこか遠くにあるんじゃないよ。神様のイスの話をしたろ。いま座っている、そのイスなんだよ。いま目の前にある仕事、それが自分の道。あっち見たり、こっち見たりせずに、その道を行けばいい。板前さんなら、人に喜ばれる板前になる。店で喜ばれ、客に喜ばれる板前になり、仲間から大切にされる板前になるんだよ。警察官だって、サラリーマンだって、みんな同じ。そんなことでいいんですかって聞くけど、それでいいんだよ。必ず上にあがっていけるから。神の道は必ず頂上に通じているの」

「僕は、商人の道をまっすぐ進んでいっていいんですね」

「そう、いいんだよ。他人の道がよく見えたり、すごく見えたりするけどね。そんなものにあこがれちゃダメだよ」

道は開けるノート

わき目も振らず、自分の仕事を極める

一人さんにそう言われると、自分の前にひと筋の道が見えてくる。その自分の足元から続いていく道が目に入らず、みんな悩んだり、苦しんだりしている。若い人だけじゃない。40代になっても50代になっても、「自分の人生は間違っていたんじゃないか」「別の道があったんじゃないか」という疑問を抱えている人もいる。まだまだ若い部類に入る僕が、こんなことを言うと生意気に聞こえるかもしれないけれど、僕らがこれまで歩いてきた道こそ、自分の道であり、神の道だったんじゃないのか。一人さんがいう「自分にできること」を、これまで精一杯やって来たんだから。

「よく聞きなよ。自分の道を歩いていくうちに、いろんな人と出会うんだよ。出会いなんか求めなくても出会うよ。いい人も出てくれば、イヤな人も出てくるよ。でも逆に困っている人、助けてやりたい人だって、必ず出てくるんだよ。遠い国の難民救済って立派だよね。すごいよ。でも、もしその人が自分の人生で出会った人も助けないとしたら、そりゃおかしいよ。困ってる国へ行っちゃいけないわけじゃな

いよ。繰り返すけど、それはすごいことだよ。ただ、そんな遠いところまで行かなくてもできることはいくらでもあるんだよ」

「僕のところへも、いろんな仕事をしている人が来てくれるんですけど、確かに道は一人ずつ違いますからね」

道は開けるノート

自分の人生で出会う人を大切にする

「そう。みんな自分の道がある。立派なものやすごいものにあこがれたり、うらやましがるより、まず自分のドラマをしっかり生きろよ。俺は、そういう考えだから。あんたにできたんなら、俺だってできるくらいの気持ちを持って、自分の道を一生懸命やればいいんだよ。言っておくけど、それしかできないよ。人にできることって、それだけ。だから逃避するな、逃げるな、自分の道を行くんだよ」

▼やたらと頭を下げるな。背筋を伸ばしていろ

「そういえば、一人さんにはじめてお会いしたときもそうでした。僕、一人さんって人をよく知らなくて。申し訳ないですけど」

今思えば本当に申し訳ないくらい無鉄砲な奴だったと思う。

「ちっとも申し訳なくないよ」

「同じ中津でとってもお世話になっているテル社長っていうすごい米屋さんがいて、そのテル社長が、東京で『読書のすすめ』っていう本屋さんをやってる清水克衛さんという面白い人がいるから、一度会ってみろと言われたんです」

「うちの近くにある『読書のすすめ』の清水くんね。あの本屋さんへは、俺もよくいくし、仲がいいからね」

「その清水さんが、『今度一人さんが九州へ講演で行くから、ぜひ会いなさいと。電話で一人さんに伝えておくから行くように』と言われて」

「ああ、そうだったかね」

「僕にとってはあの日は、出会いを求めて一人さんのところへ出かけたという感じじゃなかったんです。たまたま縁があったというか。目の前にいる人とのつながりを大事にするうちに、広がっていったような気がします。いま一人さんがおっしゃったように、僕の人生にあらわれるべくしてあらわれてくれた人のような気がするんです」

「そういう意味では会うべくして会ったんだよ」

「本当にありがとうございます……」

「いいんだよ。ものごとにはタイミングってあるからね。タイミングが違っていたら、どんなに会いに行っても会えないの。どんないい話を聞いても分からないの。神のやることに遅い早いは絶対にないんだ。神の配慮に対して、もうちょっと早ければよかった、もうちょっと遅ければよかったって言うけど、それは自分が勝手に思っているだけ。いろんな苦労だってそうだよね。その人に必要だから、それが起きている。それだけのことで、もし必要なかったら起こるわけがないんだ」

道は開けるノート

全ての出会いは必然である

「出会いも苦労も、絶妙のタイミングなんですね」

「そう。だから、やたらと会いに行ってもダメなの」

「はい。よく分かりました」

「あちこち行くと、あっちでもこっちでも頭を下げなくちゃならないよな。男は、やたらと頭を下げるなよ。頭は下げるより、使うためにあるんだよ。よそにできたんだから自分にもできる。どうしたらできるだろうってな」

そのことに関連して、僕には聞いておきたいことがあった。

「一人さん、また一つ質問させてください。以前、いろんな人にノコノコ会いに行くなという話をしてもらったときも、あちこちで、あんまり頭を下げるなと言われたんですけれど、それはなぜなんでしょうか」

「いいかい。一つは、おまえたちも10年後20年後には、どんなにエラくなっているか分からないんだよ。ヘタに頭を下げていると、そのときイヤな思いをするだろ。エラくなっても態度を変えるなって話はしたよな。一度、尊敬したら一生尊敬しなくちゃいけない。一生もんだな。つまらない人間に、いつまでも頭を下げ続けなけりゃならなくなるよ。だから師匠は慎重に選べということだな」

「はい。それはむちゃくちゃよく分かります」

僕は自分のお師匠さんが日本一だという確信を得ていたので、自信を持って答えた。

「もう一つは、これからリーダーになろうという人とか、自分の会社や店を持って人を使っている人たちには共通して言えることだけど、リーダーって、親分なんだよ。その親分が、いろんなところで頭を下げてると、下の人間がイヤな思いをする。シゲちゃんのところなら、お店にいる若い衆も同じように頭を下げなくちゃならないだろ」

道は開けるノート

自分についてきてくれた人間にむやみやたらに頭を下げさせるようなリーダーは失格である

それを聞いて、一つの記憶がよみがえってきた。セミナーや講演会に出まくっていたころ、創業メンバーから、「俺たちの大将って誰なんですか」と言われたことがあったのだ。「いろんな人の話ばっかりで、なんだかイヤなんですよ」と。それこそバコンとボディブローをくらった気がしたことを思い出した。

「こういう話があるよ。昔、清水の次郎長って任侠の大親分がいてね、その次郎長がある人にこう尋ねられたの。『親の言うことも聞かないやつらが、親分のためだったら命もいらないっていうのは、どういう教育してるんですか』って。清水の次郎長はこう答えたんだよ。『俺のために命投げ出すってそんなやつがいるかどうかなんて、自分は知らない。うちの子分にそんなやつがいるって、聞いたことがない』って。『だけど、俺は子分のためだったらいつでも死ぬ覚悟でいる』って。だから、人がついてくるんだよ。本当にそんなもんだよ。これが人が命をかけたくなる大将の生き方だよな。俺たちはそっちの世界の人ではないけど、これは大切なことだと思うよ」

「めちゃくちゃかっこいい……」

僕はその話にしびれまくっていた。すぐに清水の次郎長の本を読みたくなった。

「やっぱり上に立つ人間に必要なものは覚悟だよな。たとえばうちの連中は俺を好きでついてきてくれているのに、俺が誰かに頭を下げたらどうなる？　その誰かさんが親分の親分になっちゃって、その誰かさんにも頭を下げなくちゃいけなくなるだろ。だから、俺はシゲちゃんと最初に会ったときも、『俺に頭を下げなくていいぞ』と言ったよな」

「いや、そこだけは下げさせていただきます。うちの連中も一人さんのことが大好きですから」

「そうか、それは嬉しいなあ。じゃあ俺もいい師匠でいられるようにがんばるよ」

「ありがとうございます」

この心意気についてきた「まるかん」の人達の力が納税日本一を生み出したんだと分かった。確かにこんなリーダーだったらみんながついて行きたくなって当然だ。僕も九州でがんばってくれている仲間たちのためにかっこいいリーダーになりたいと思った。4年たった今でもこの言葉は深く心に残っている。

「日本は『瑞穂《みずほ》の国』っていって、米の国、稲作の国だよな。稲って見たことある？　ピーンと立って上向きにまっすぐ伸びていくよな。それで穂がついて、だんだん実ってくると頭が重くなって、こうべを垂れてくるんだよ。『実るほどこうべを垂れる稲穂かな』っていうだろ。だからこうべは垂れなくちゃいけないよ。でも、まだ伸びている最中に頭を垂れたとしたら、その稲は病気なんだ。上を目指してピーンっと張るんだよ、とくに若いやつはな」

僕の頭の中に、青空の下、まっすぐに伸びた稲のイメージが浮かんできた。仕事や生活の忙しさの中で、ついつい忘れてしまっているけれど、僕らはまだ伸び盛りだった。背筋をピーンと伸ばして生きていっていいんだ。

道は開けるノート

頭を垂れるのは実ってから。それまでは天に向かってピンと伸びるべし

「有名人とか肩書きに弱い人、そしてその人たちに威張っている人が、俺は嫌いだよ。よく大会社の社長や会長に会いましたと自慢している人がいるだろ。たかだか町工場の親父に、あんな大会社のエラい人が会ってくれたって。「たかだか」なんて言うのは、自分がソニーやホンダより下だと思っているからだよね。どうして日本一の町工場って言わないんだろうな。町工場だって、そば屋だって、たこ焼き屋だってな、「うちは日本一だ」と言ったら日本一なんだよ。そうすれば、日本一のサラリーマンだし、日本一のセールスマンだし、日本一の店員にもなれるのに。私が目指すのは日本一の店員で、お客様をみんな幸せにして、それでこの国の幸せにも貢献しているぐらいに思えば、全部意義があるよ。有名人や肩書きに負けるんじゃない。誇りを持つことが大切なの。自分の道を歩いている人間だけが、それを持

てるんだよ」

道は開けるノート

自分の人生に誇りを持つ

この話は救われる人、勇気が出る人がたくさんいるはずだ。思いきって一番聞きたい事を聞いてみた。

「一人さん、それを表に出て行って伝えることってしないんですか？」

ちょっと間をおいた後、一人さんはこう言った。

「俺は、極力人に会わない。だからＣＤを配ったり本を書いたりしてるんだよ。まあ誰にも会わずに顔も知られずにふらふらしてるのが俺の唯一の楽しみだからな」

「一人さんに会いたい人っていっぱいいると思います」

「だから代わりに伝えてくれる俺のお弟子さんやおまえに教えたんだよ。唯一の楽しみだけは取っておいてくれよ」

そう言って一人さんは笑った。

「そうやって一生懸命学んだら、今度は教えることもできるようになる。これって重要なことだよ」

「教えることがですか」

「そう。じつは、成功にはパターンがあるんだよ」

そう言って一人さんは再び座りなおした。このアクションがあるときは特に大切なことを伝える合図だ。ぼくもレコーダーを一人さんの前に近付けてペンを持った。

▼積み木型の成長法則とピラミッド型の成長法則

「成功にはいくつかのパターンがあってね。たとえば、上に上にひたすら登っていくやり方もあるよ。最初はシゲちゃんみたいに一生懸命勉強して、どんどん上へ行く。若いときって、そのぐらいの元気がなくちゃいけないよ。がむしゃらにやっていれば、だんだん上にいくからね。問題はその次。ある程度のてっぺんまで来ました。誰だって、一生懸命やっていれば、その段階はクリアできるからね。さて、その次どうする？」

「もっと上へ行きたいですね」

「これ、実は簡単なんだ。ふつうの人は、ここまで来たとき、もう一歩上へ行こうとするよ。上に行こうとして、手を伸ばす。するとどうなると思う?」

「何かがつかめる?」

「違う、落っこちるんだよ。いいかい。到達したら必ず落っこちるんだよ。前もって教えとくから、これは忘れるなよ。1段あがったら次へ行く。そして、また次へ。そういうことを繰り返していると、積み木を積み上げたような成長法則になってしまうよな。積み木も高く積み上げると、ささいな風でも吹くとすぐ倒れちゃう。けれどそれとは違う、ピラミッド型の成長法則があるんだよ」

「それ、どんなものなんですか。ピラミッド型の成長って」

「ペンとノートを貸してみな」

一人さんは僕のノートに一本の棒と三角形の絵を描いた。


「一段階上に登ったら、すぐ次を目指そうとするんじゃなくて、一回下に降りるの。そして、下の層をつくるんだよ。それを繰り返せば、ピラミッドみたいな層ができるだろ。やがて、だんだんピラミッドが押し上げられていく。砂漠って、風がとっても強いんだよ。でも、ピラミッドは何千年も姿を変えていないだろ」

「はい。でも、下に降りるってどういうことですか」

「教えることだな。いま、自分にできることを一生懸命やって、それで学んだことを今度は教えるんだよ。下の人たちを引っ張りあげる。すると層が広がって、ピラミッドみたいなものができあがっていく。これは頑丈だよね。そういうやり方もあるんだ」

道は開けるノート

一つ上に行ったら次を目指す前に一段下にいる人に教える

「そうですね。それは本当にそうですね」

「ホントに分かった？」

「ええ。少しだけ」

「そういう成長法則があるの。それだったら誰でもできるよ。ひたすら上だけを目指して成功している人も、現実にはいるんだよ。ただ、それは危ないし、みんなにできるわけじゃない。大半の人はムリ。だから、一度降りてみる。どこまで登れるかが終わったあとは、どこまで自分が降りられるかなんだ。どこまで下に行けるかなんだよ」

「でも、それって逆に勇気のいることですね」

「うん。中途半端なやつは、自分がここまで登ると下がりたくないんだよ。だから、エラそうな話をするんだ。分かる？　俺がやれたんだからみんなもできるって。あれ、自慢話だよな。私がやれても人はやれない。その代わり、他の人がやれることは俺にはできないの。みんなそうなんだよ」

「それぞれ得意、不得意がありますもんね」

「俺にトランペットを吹けったってできないよ。分かるか？　ピアノも弾けないしな。できないんだよ。人はよく、『あいつ、いくら教えてやってもやらないじゃないか』っていうよね。でも、できない。人はできるものとできないものがあるんだ。だから自分が覚えたことを、どうやって、どこまで嚙み砕いて話したら、人は分かってくれるだろうかっていう努力。それが下に行く努力だよね」

「２つの努力があるんですね」


降りる努力。そんなものが必要だとは、考えたこともなかった。それは部下を育てる努力であり、また一人さんのように講演会や本の出版を通じて、多くの人に分かりやすく語りかけていく努力だろう。そうやって、まわりの人たちと一緒に登っていく。ピラミッド型の成長というのが、一人さんを見ていると僕にも少し理解できる。


「上に上がる修行のときと、下に下がる修行のときがあるんだよ。だから自分にそういうときが来たなと思ったら、せっせと降りればいい。それを下がりたくないって、ここにずっとつかまっているから神様に落っことされるんだ。自分が進んで降りたのと、落っことされたのでは、えらい違いだよ」

「はい。その違いはわかります」

「脱皮できないヘビは死ぬよ。人もときどき脱皮するんだよ。それを何回変えられるか。そのたびに神様は、勝手にステージをつくってくれるんだよ。この降りる努力が、意外とできないんだ。サラリーマンだって、部下をちゃんと育てられる人は案外少ないよ。エラそうなことばっかり言っているけど、大したやつじゃないなって。だって下の人に教えるために降りられないんだから」

「そうか。そういう目で人を見てるんですね」

「そういう目で見てると大した人かどうかが分かる。だって降りる時期なんだもん。降りる時が来たのに、ここにいたいって。分かるけどね、その気持ちは」

「降りたくないですもんね。そんな努力より、自分がもっと上へ行くほうで努力したいと思いますね。ふつうは」

「そんなケチくさいことを言っているから、落とされるの」

▼ケチくさいこと言ってると運は逃げるよ

ケチくさい。その言葉が妙に僕のつぼにはまった。

「たとえば、アイデアを出せって話をしたよね。でも、アイデアは誰かひとりが出したものじゃないの。みんなのエネルギーがあって、そこから湧き出たの。出やすいところから出たんだよ。だから、本当はみんなの知恵。それを、自分の出したものはマネするなって言うと、その人は一瞬は上がるよ。でも、ケチくさいことを言ったやつはどこまで言ってもケチのままなんだよ。神様はいつも見てる。運って、誰にも与えられるんだよ。だけど逃がしちゃうの。そういう人間は、必ずケチくさいこと言ってるんだよ」

ケチくささは、一人さんがもっとも嫌うものの一つだ。僕の目から見ても、ケチはカッコ悪い。けれど一人さんがケチを嫌うのには、もっと深い理由があった。

「だって、自分ってすごく小さいんだよ。お世話になりっぱなしの人生だよ。ごはんが食えるようになったら、いくらか人に尽くしたいなってふつうは思い始めるんだよ。なのに自分はああやったとか、こんなに苦労したとかって言ってるけど、たいがいの人は苦労してるんだよ。苦労よりも、自分が助けてもらったことの方がずっと多いの」

「本当にそう思います」

「ところが、自力でがんばりましたって言うやつがいるんだよな。たとえば、私は自力でがんばって勉強しました。親にもお金を出してもらわず、塾にも行かずに東大に入りましたって。そんなの自力でもなんでもないんだよ。そうじゃない。東大があったから入れたんじゃないの。東大をつくってくれた人がいるんだな」

「そういわれると、確かにそうですね。服だって、靴だって、みんな誰かがつくってくれたものですものね。ふだんはちっとも思い出さないけど、そうなんですね」

道は開けるノート

成功はみんなのおかげさま

「なんせ俺たちは、ものすごく小さな自分だから。そのことを分からなくちゃダメなんだ。本当に他力だよ。他力で生かされているんだって。だからね、やっと自分が食えるようになったら、自分がみんなのためにできることってなんだろうって考えなきゃダメ。だいたい人間って、親が産んでくれなかったら生きてないんだから」

そして、一人さんはこう付け加えた。

「天はじっと見ているよ。これは本当だよ」

「はい。忘れません」

道は開けるノート

天はいつも見ていると心得る

▼明るく機嫌よくやっていればいいんだよ

「最終的に俺が言いたいのは、当然のことを一生懸命やり続けていくと必ず道が開けるっていうことなんだよ。サラリーマンが、松下幸之助さんを真似ようとしてもダメなの。生き方を真似ようとしてもできないという、そんな簡単なことなんだ。

あの人にはあの人の道があるんだよ。シゲちゃんにはシゲちゃんのやるべきことがある。それが神の道。その神の道を歩めば、どんどん上に行けるよ。そして、必ずてっぺんに出るんだよ」

「神の道ですか。いいですね。そういう道を歩きたいです」

「だからそれが今、おまえの歩んでいる道なんだよ。あっちの道がいい、こっちの道はイヤだっていうけど、富士山の登山道は、どこから登っても富士山の頂上に出るんだよ。そのなかで一番の早道が、自分の道だというんだよ」

またまたあっという間に時間は過ぎ、いつもと同じように日が暮れる。それと同時に楽しかったレクチャーも終わりに近づいてきている。事務員の皆さんも帰り支度をし始めていた。

「自分の道を究める。そうすれば山も上にいくほど、いろんな道が合流してくるよな」

「はい」

「自分の道を究めて深まっていくと、いろんな人が集まってくる。お茶だってそうだよ。お茶の修行が深まると、いろいろな人が会いに来るよ。昔、千利休というお茶の達人がいてね。大名だって教えを受けにくるんだ。深々としたいい話をするんだな、これが。お茶の話しかできないよ。だけど追求して、追求していけば、お茶でも料理でも深々とした話ができるということだ」

「どんな仕事でもですか？」

「どんな仕事でもそう。追求していくとな。そして、だんだん深まってくると、ある日、でっかい会社の社長が話を聞きに来たりするよ。だって、上に行くほど道が合流するから。何でもいいんだよ。道は違うけど、自分の道を歩き続ければ、みんな富士山の上で会える。そうなってるの。だんだん一個ずつ上がってな。みんな、あの人のやり方は素晴らしい、この人のやり方はすごいって言っているけど、おまえにはおまえの道があるんだよ」

道は開けるノート

どんな仕事でも極めていけば一つの場所にたどりつく

「成功の歩き方っていうのはわき目をふらず、自分の道を行くことですね」

「だいぶ分かってきたみたいだな。その道を泣きながら歩くか、笑いながら歩くか」

「笑いながら行きたいです」

「最後に一ついい話をしようか。その道をしばらく行くと、必ず分かれ道があるんだ。落っこちる道と上がる道がある」

「自分の道にも、分かれ道があるんですか」

「道にはみんなあるんだよ。苦労もあるよね。上へ行く坂道だもの。自分が幸せになるって大変なんだよ。けれど、その苦労が山ほどある中でも幸せと思い、機嫌よく生きられる。ああ楽しいねとか、こんにちはとか、明るく生きている人は必ずいいほうの道へ行くよ。ふてくされている人は、必ず悪いほうに行く。とめどなく落っこちるよ。そういうものなんだよ。機嫌よく生きていると、神様がこっちこっちって、勝手に連れていくんだ」

道は開けるノート

楽しく機嫌よくしているとなぜか必ずいい方向へ向かっていく

「いい話ですね」

「いい話だろ。でもそれは必ずしも楽な道じゃないかもしれない。そしてな、その時は必ず自分がワクワクするほうを選ぶんだよ」

「ワクワクするほう……ですか。それって楽をするっていうのとは違うんですか？」

「いい質問だ。ここがポイントなんだけど、楽しいほうを選ぶって言ったら楽なほうを選択すればいいんだって勘違いする人がいるんだよ」

「それは違うんですか」

「うん。全く違う。俺が言ってるのは『こっちに行ったら自分が楽しんでずーっとやってても飽きないな』って感じる道のこと。寝る間も惜しくて、時間を忘れちゃうくらい楽しんでやれるものだったらそれが自分の行く道なんだよ」

道は開けるノート

迷った時は自分がわくわくする道を選ぶ

「人生っていうのは屏風みたく曲がっているんだよ。まっすぐにすると屏風は倒れちゃうだろ。だから、あっちにぶつかり、こっちにぶつかり。あまりまっすぐ行っていると、途中まで来るとパタッといっちゃうから。あっちこっちぶつかりながら、人生っていくものなんだよ。そして振り返ってみればその曲がりくねった道が、成功に向かっていく一本のまっすぐな道だったっていつか気がつく日が来るよ」

「どんな曲がりくねった道でも、振り返れば成功に向かう一本のまっすぐな道……。めっちゃいい言葉ですね」

「だいたい人の道っていうのは、一生懸命やってれば、そうそう外れることはないな。だから安心していいよ。そして今世が終わると、またあの世へ行って勉強する。勉強して、また戻ってくる。またゴッツン、ゴッツンやりながら行くという、それの繰り返しだな。俺達は何回も生まれ変わっちゃ、何回も同じようなことをやりながら行くってことだな。人生って本当に面白いよ」

「そういう覚悟で、自分の道を生きていこうと思います」

「よし。これで『道は開ける』レクチャーは終了だ。じゃあ、そろそろ行くか」

「えっと……」

「どうした？」

　僕は言葉が出なくなった。なんかこれで終っちゃうのかと思うと突然寂しさがわいてきた。

「いえ、なんでもありません。ありがとうございました」

「ああ、楽しかったな」

「あの……一人さん」

「ん？」

「もし道に迷ったらまたここに来ていいですか？」

「ああ、いつでもおいで。これからも俺に教えられることは教えるから。みんなにもよろしくな。あすも早いんだろ。気をつけて行きなよ」

「はい。一人さんもお体に気をつけて」

「そうだな。ありがとよ」


こうして僕は半年間お世話になった新小岩の事務所を後にした。

終章

幸福な人生の歩き方

次の日の朝、羽田空港に行きやすいように、品川のホテルに泊まっていた僕の携帯に、一本の電話があった。一人さんの一番弟子であり、僕の大恩人である柴村恵美子さんからだった。

「おはよう、シゲ。今どこにいるの？」

「品川です。エミさんどうしたの？」

「今日帰るんでしょ。今近くにいるからお茶でもしようよ。品川に着いたら電話する」

その電話から30分後、エミさんと僕は品川駅近くの喫茶店にいた。僕は一人さんから教えてもらったことをたくさんエミさんに話した。エミさんは笑顔でうなずいて僕の話を聞いてくれた。

実は僕を一人さんの所に導いてくれたのがエミさんだった。そして一人さんの教えを受け、ちょっとずつ成長していく僕を一番喜んでくれたのも、誰でもない、このエミさんだったのだ。

エミさんは僕の話をひとしきり聞いてくれたあと、一枚のCDを渡してくれた。

「シゲ、無理せずに楽しくがんばるんだよ」

そう言って品川駅まで見送ってくれたエミさんと別れ、京急線に乗り空港に向かう電車の中でパソコンを開き、イヤホンでそのCDを聞いた。

「ザザー」っとレコーダーを準備する音が入った後、いつもの聞きなれた安心する声が聞こえてきた。一人さんからだった。

『はい、一人さんです。恵美子さんからCD受け取ったかな。この半年間、毎月遠くから俺のところに通ってくれて本当にありがとうね。俺も楽しかったよ。基本的なことは伝えたつもりだけど、シゲちゃんの役に立ったら嬉しいです。

いろんなことを話したんだけど、今からシゲちゃんに最後のレクチャーをします。

最後に伝えたいことは「ありがとうを言われる人生を送る」ってことです。

世の中にいろんな教えがあって、どれも素晴らしいものなんだけど、やっぱり教えっていうのはそれだけじゃ成り立たなくて、聞いたほうがどれだけそれを活かすってことでやっと完成するんだよね。シゲちゃんがどれだけ人の役に立てるかが楽しみです。

もしシゲちゃんがこれから道に迷いそうになったり、辛くなっちゃったとき、「自分は神様から愛されていて、いつも見守ってもらっているんだ、そして自分は神様との約束を守るために生まれたんだ」ってことをいつも思い出してほしい。

生きているといろんなことがあるよ。時には「なんで自分がこんな目に遭わなきゃいけないんだ」って言ってしまうような困った出来事に遭遇することもあるし、「うわー、まいったな、どうしよう」と思ってしまうような出来事がある。そんなときにうろたえてしまって、迷路からなかなか抜け出せなくなる。

そんなふうに心にぽっかり穴があいたときはこの話を思い出してほしい。

ちょっと不思議な話だけど、おとぎ話だと思って聞いてくれな。それじゃ始めるよ。

人間の心の奥の奥には小さな光があるんだよ。この小さな光を「魂」と呼ぶ人もいれば「真我」と呼ぶ人もいる。実はこの小さな光は神様から分け与えられた光なんだ。だから人間はみんな神様の子どもなんだよ。人間がこの世に生まれ出る前、まだ肉体もなく卵にもなっていないときのこと、つまり天国にいるとき、人間は小さな光として存在してた。これから紹介するのはその頃の話。

ある時一つの小さな光が親である神様にこう言った。

「地球で旅をしてくるよ」

すると親である神様はこう答えたんだよ。

「いいよ、行っておいで。ただし一つだけ頼みたいことがあるんだよ」

「何をすればいいの」

「地球にはおまえより先に出ていったわが子らが人間として人生の旅路を歩いている。その人たちが喜ぶことをしてきてほしいんだよ。私はいつもその子らと歩いているんだけど、私には肉体がないから、みんなが歩き疲れた時に足をさすってあげるとかができないんだよ。でもおまえは地球で旅する時は人間の格好をしているかららいろいろできるだろ。みんなが元気を出して歩き続けられるよう、みんなの気持ちを明るくしてあげるとか何か喜ぶことをしてきてほしいんだよ」

小さな光はうなずいて親である神様に約束をした。

「自分は人に喜ばれることをしてきます」

すると神様は微笑んでこう言ったんだ。

「地球で人生の旅路を歩いている最中、いろんなことがあるけれど、私はいつもおまえと一緒に歩いているよ。おまえが地球で人間として生まれた時、おまえの意識には今日の記憶はないだろう。そしておまえの眼には私の姿は見えないだろう。でも私はいつもおまえと一緒にいるからね。何があっても私はおまえのことを愛しているよ」

そして神様は小さな光に肉体を与え、小さな光は人間の赤ちゃんとして地球のどこかの町に生まれおちました。ってこういう話。

もう一度誤解のないように言っておくけど、人を喜ばせるっていうのは自分が持っているお金とか財産を人にあげましょうとか、そういうことじゃない。笑顔だったり、人の心を軽くする言葉だったり、人に親切にするっていうことなんだよ。それで神様と約束したことを守っていると、神様がすごく喜んでご褒美をくれる。それが幸せ感だったり奇跡だったりするんだよ。

そして神様との約束を守っているとプレゼントが来ると言ったけど、神様はもうすでに、何と俺たち人間に前払いでプレゼントをくれてるんだ。

そのプレゼントっていうのは「今」この現在。

今シゲちゃんがその場所に存在していることなんだ。生きていることがプレゼントなんだよ。

しかも神様は「人に喜ばれることをしてきます」っていう約束を果たすための道具を俺たちにくれたうえで、この世に送り出してくれてるんだよ。例えばね、誰かが重い荷物を持って困ってるとするよね。そのときに、「半分持ってあげるよ」って歩み寄って荷物を持ってあげる手足がある。周りの人の心が明るく楽しくなるような言葉を出せる口がある。

だから人からなんて言われたって怖がらずに約束をちゃんと果たすんだよ。


こう考えると成功っていうのはつまり「人を助けた数」なんだよ。


だから俺は、俺自身が神様との約束を果たすために、最初にシゲちゃんと約束したんだ。覚えてるかな？「俺が教えたことをシゲちゃんのところに来てくれる人に伝えてほしいし、伝える役目と思って聞いてほしい」って言ったこと。

シゲちゃんはよく「僕一人さんに何が返せますか」って聞いてたけど、俺は何もいらないから、それはまたあとで一生懸命がんばっている子たちに渡してあげておくれ。それがシゲちゃんが神様と約束してきたことだからね。

世の中には出会った時のシゲちゃんみたいに笑顔も天国言葉のことも知らない人がまだたくさんいる。そういう人の心を軽くしてあげてくれな。そのためにシゲちゃんに俺の持ってるものは伝えたつもりだし、これが俺からシゲちゃんに渡せる全てのものだよ。

俺は別に神様じゃないけど、どんなにつらくても必ずシゲちゃんのそばにいるからな。疲れた時はいつでも帰っておいで。

歩いた後に鮮やかな花が咲く、そんな人生を歩んでください。

じゃあ気を付けてな。元気でやるんだよ。ありがとうね』

羽田空港について飛行機を待っている間、何度も何度もこのCDを聞き返した。何度聞いても涙が止まらなかった。斎藤一人さんという素晴らしいお師匠さんに出会わせてくれたことを神様に心から感謝した。

僕の前に輝く一筋の道が開けた。

歩いた後に鮮やかな花が咲く、そんな人生を一歩ずつ一歩ずつ歩いていこう。一人でも多くの人が幸せになるように——。

フライトの時間が近づき、九州に向かう飛行機に乗ると、一本のアナウンスが流れた。
それは九州に桜の開花宣言が発表されたことを知らせるものだった。

おわりに

最後まで読んでいただき本当にありがとうございます。斎藤一人さんがどんな人か想像できたでしょうか。日本一の大実業家は、本当にどこまでも「優しく、強く、かっこいい」方でした。僕はまだ未熟者ですが、一人さんに教えていただいたことを、これから出逢っていくであろうたくさんの人たちに伝えていきたいと思います。

僕は苦しい時、道に迷いそうになった時、一人さんが話をしてくれたときに収録したレコーダーを何度も聞き返し、励まされたおかげで今があります。その中から僕に特に勇気をくれた言葉を抜き出してみました。反復の力ってものすごいものがあります。ですからこの本は是非最低でも7回は読んでみてください。一度では分からなかったこと、読み飛ばしていたものが見え、新しい発見があると思います。

忙しい人がポイントだけでも思い出せるように、巻末に「道は開けるレクチャー」の気づきもまとめてみました。よかったらコピーして使ってくださいね。

こうして今、応援してくださる一人ひとりの顔を思い浮かべながら「あとがき」を書いていると、再び感謝がわきあがってきて目頭が熱くなってきました。それと同時に一つの企画が終わるさみしさもわいてきました。でも僕たちの道はまだまだこれから。力強く次の一歩を踏み出していきたいと思います。

本書はたくさんの人のお力の上に完成することができました。今更ながらに、「本当にたくさんの人たちのおかげで今の僕が生かされているんだ」、そう実感します。この場をお借りいたしましてお礼を述べさせていただきたいと思います。

まずは今回の文庫化の企画を頂きました、ＰＨＰ研究所の中村悠志さん、四井優規子さん、そしてＰＨＰ研究所の皆さん。また文庫化のご協力を頂きました、現代書林の坂本社長、そして編集の川原田さん、五十嵐さん、そして現代書林の皆さん。読書のすすめの清水克衛さん、浄徳さん。執筆に当たり「うちの事務所を使っていいよ」と、桜島が見える鹿児島の地でいつも応援してくれた、㈱清友の宮之原清子社長、そして明子専務と美香常務、清友のみなさん。そして全国で応援してくれる「フォーユープロジェクト」のみんな。全ての出逢いの種をくれた中津市の藤本商店の藤本照雅社長、大分のつぼちゃん、僕に命を繋いでくれたご先祖様、両親、妻の寿美、そして二人の息子、きょうたろうとりゅうのすけ。

「しげにい、いい本を書いてくださいね。店のほうは大丈夫ですから」

そう言って迷うことなく僕の背中を押してくれる、僕の世界で一番大切な「陽なた家ファミリー」の家族たち、陽なた家編集部の南部京介と青木一弘。天国で僕を見守ってくれている親友の田畑修治。

いつもたくさんのアドバイスをくれ、僕の仲間たちもまとめてかわいがってくれる、一人さんの一番古いお弟子さんの柴村恵美子社長、この本の制作に当たりたくさんのお力を頂いた舛岡はなゑ社長、みっちゃん先生、温かい笑顔で出迎えてくれる千葉純一社長、遠藤忠夫社長、宇野信行社長、宮本真由美社長、芦川裕子社長、芦川勝代社長、5年前、右も左もわからない僕に朝まで付き合ってくれて、夢を語ってくれた故・芦川政夫社長。札幌の居酒屋「桜チョップス」のおがちゃん、まるかんの皆さん。

そして何より僕の人生を大きく変えてくださった斎藤一人大師匠。

ここに書ききれない、僕の愛するたくさんの人たちに心から感謝しながら筆を置きます。

皆さんの人生の道が開け、そして今以上に輝いたものとなりますように。

２０１０年10月吉日　九州福岡の秋空の下で

永松茂久

道は開けるノート

※コピーしてお使い下さい

序章　田舎の四回戦ボーイ、チャンピオンに出会う

●学ぶ時はいったん自分の「我」を抜いて素直に聞く。これを「指導される力」という
●人生の成功の基礎は笑顔、うなずき、天国言葉
●学んだことは人に伝える前にまず自分がやってみる
●この人と決めたらフラフラせずに、その人から徹底的に学ぶ

第1章　魅力を上げれば道は開ける

●魅力とは『また』である
●人に与えれば与えるほど増え、奪えば奪うほど減る。それが魅力である
●魅力はその人の生きざまに宿る
●事件はいつも現場で起きていると心得る
●山のてっぺんには女神さまが住んでいる

●結局のところ男は女に育てられる
●働かざる者食うべからず
●連れている女性を見れば男の器量が分かる
●魅力とは自信である
●魅力とはギャップである
●成功しても態度を変えない
●人がわざわざ見に来るような一本桜の生き方もある

第2章　出会いを活かせば道は開ける

●出会いは遠くではなくて今目の前にある
●最高の人脈とは今目の前にいる家族、仕事仲間、そしてお客さんである
●スタッフの一番のお客さんは給料をくれる経営者である
●今までの会社の基礎を作ってくれたのは今いるスタッフたちである
●目立たない地味な仕事をこつこつしている人を大切にする
●心を喜ばすのは心
●誰かに喜んでもらった時、人は自分の居場所を見つけることができる

●自分の幸せと人の幸せはコインの表と裏である。自己犠牲はNG
●自分も人も幸せになる方法を考える

第3章　夢がなくても道は開ける

●夢は大きくなくてもいい
●今の夢は本当に自分のやりたいことなのかをちゃんと考える
●夢がなければどの道でも選べる
●格好をつけるために持った夢は危険と心得る
●今いる所で必要とされる人になる
●この世には「すごいと言われたい地獄」というものが存在する
●夢が持てなかった時は、人の笑顔を追いかければ幸せになれる
●仕事とは人生をかけた遊びである
●人間は意味を欲しがる生き物である
●人間は「何のために」が見えると動き出す
●人は愛する人のためならがんばれる
●今、ここ、目の前に集中する

●1分間の知恵出しゲームとアイデア帳
●人生は神様が万人にくれた祭りであると考える
●神様は先にイスをくれる。その間にせっせと実力をつける
●一人で二人分働けばその人は精鋭になる
●人の幸せを考えて、一生懸命に取り組むと、他力を得ることができる
●ベストを尽くす。それは怠けず無理せず、
今自分ができることをやるということ

第6章　道が開ける一人さん流「幸福論」

●すべての幸せは人の心から生まれる
●自分に起きることは、全て自分の選んだ修行である。
いやいや取り組むのも、楽しくクリアするのも全て自分次第
●相手を変えようとした時に苦しみが生まれる
●自分が変わると相手が変わり始める
●あなたが悔しくて眠れないとき、傷つけた相手はちゃんと寝てると知る

●嫌な人に心を向ける時間を、自分を幸せにしてくれるものに心を向ける時間に使う

第7章　自分の道の歩き方

●人は外見で判断すると知る
●話を聞いてくれる人のために外見を良くするのは愛である
●(お母さん向け)…「信じてるよ」この言葉で子供は育つ
●著者に会うよりその本を何回も読む
●わき目も振らず、自分の仕事を極める
●自分の人生で出会う人を大切にする
●全ての出会いは必然である
●自分についてきてくれた人間にむやみやたらに頭を下げさせるようなリーダーは失格である
●頭を垂れるのは実ってから。それまでは天に向かってピンと伸びるべし
●自分の人生に誇りを持つ
●一つ上に行ったら次を目指す前に一段下にいる人に教える

●成功はみんなのおかげさま
●天はいつも見ていると心得る
●どんな仕事でも極めていけば一つの場所にたどりつく
●楽しく機嫌よくしているとなぜか必ずいい方向へ向かっていく
●迷った時は自分がわくわくする道を選ぶ

斎藤一人さんの公式ホームページ

http:// www.saitouhitori.jp/

一人さんが毎日あなたのために、
ついてる言葉を、日替わりで載せてくれています。
ときには、一人さんからのメッセージも入りますので、
ぜひ、遊びに来てください。

お弟子さんたちの楽しい会

●斎藤一人　感謝の会 http: //www.tadao-nobuyuki.com/	会長　遠藤忠夫
●斎藤一人　大宇宙エネルギーの会 PC　http: //www.tuiteru-emi.jp/ue/ 携帯　http: //www.tuiteru-emi.jp/uei/	会長　柴村恵美子
●斎藤一人　天国言葉の会 http: //www.kirakira-tsuyakohanae.info/	会長　舛岡はなゑ
●斎藤一人　人の幸せを願う会 http: //www.tadao-nobuyuki.com/	会長　宇野信行
●斎藤一人　楽しい仁義の会 http: //www.lovelymayumi.info/	会長　宮本真由美
●斎藤一人　今日はいい日だの会 http: //www.chibatai.jp/	会長　千葉純一
●斎藤一人　今日一日人に親切にしよう会 http: //www.hitorisantominnagaiku.info/	会長　みっちゃん先生
●斎藤一人　今日一日奉仕のつもりで働く会 http: //www.maachan.com	会長　芦川勝代
●斎藤一人　美化の会 http: //www.teradahonke.co.jp	寺田本家　寺田啓佐
●斎藤一人　一人会 http://hitorikai.com/	会長　尾形幸弘

斎藤一人さんのプロフィール

「銀座まるかん」（日本漢方研究所）の創設者。1993年以来、毎年、全国高額納税者番付（総合）10位以内にただひとり連続ランクインし、2003年には累計納税額で日本一になる。土地売却や株式公開などによる高額納税者が多いなか、納税額はすべて事業所得によるという異色の存在として注目される。

1993年分	第4位	1999年分	第5位
1994年分	第5位	2000年分	第5位
1995年分	第3位	2001年分	第6位
1996年分	第3位	2002年分	第2位
1997年分	第1位	2003年分	第1位
1998年分	第3位	2004年分	第4位

※土地・株式によるものを除けば、どれも日本一です。
総合納税金額173億円で、これも日本一です。

主な著書に、『斎藤一人　この不況で損する人　この不況で得する人』『運命は変えられる』『地球が天国になる話』（以上ロングセラーズ）、『変な人の書いた成功法則』（総合法令出版）、『千年たってもいい話』（マキノ出版）など。

ホームページ　http://www.saitouhitori.jp/
一人さんが毎日あなたのために、ついてる言葉を日替わりで載せてくれています。ときには、一人さんからのメッセージも入りますので、ぜひ、遊びに来てください。

【編集部注】
読者の皆さまから、「一人さんが手がけた商品を取り扱いたいが、どこに資料請求していいかわかりません」という問い合わせが多数寄せられていますので、以下の資料請求先をお知らせしておきます。
フリーダイヤル　0120-504-841

永松茂久関連情報

永松茂久公式ホームページ

http://www.nagamatsushigehisa.com/

公式ブログ

永松茂久と陽なた家の「日本列島 foryou 化計画!!」
http://ameblo.jp/shigenii1214/

公式ツイッター

http://twitter.com/shigenii1214

しげにいのお店に行きたい!!

天'sだいにんぐ　陽なた家　本店

〒871-0012　大分県中津市宮夫259-1
Tel：0979-24-9151
営業時間　平日 17：30～（LO22：00）
金・土 17：30～（LO23：00）
土日・祝日ランチあり 11：30～
（LO14：30）

居酒屋　夢天までとどけ

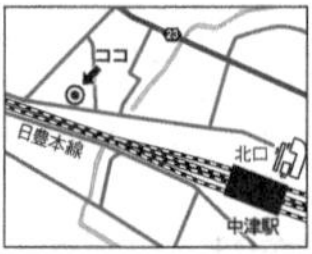

〒871-0033　大分県中津市島田370-2
Tel：0979-22-0639
営業時間　平日 17：30～（LO22：00）
金・土 17：30～（LO23：00）

大名　陽なた家

〒810-0041　福岡県福岡市中央区大名1-9-11-1F
Tel：092-731-2565
営業時間　日～木・祝日 18：00～（LO24：00）
金・土・祝前日 18：00～（LO1：00）

著者紹介
永松茂久（ながまつ　しげひさ）

陽なた家ファミリー代表。作家&講演活動家。

1974年、福沢諭吉の出身地で有名な大分県中津市生まれ。

2005年、人生の師である生涯納税額日本一の大商人、斎藤一人氏に出会い、末っ子弟子として、数々の教えを伝授される。斎藤氏の「魅力を上げれば店が観光名所になる」の教えをベースに生み出した、スタッフ挙げてのバースデーイベントは口コミだけで年間1300件、人口８万人の町に県外のお客数、年間なんと１万人を突破(2009年データ)。中津駅で降りてタクシーの運転手さんに「陽なた家で♪」と言ってもらえばすぐに運んでくれるほどの観光名物店になる。

「一流の人材を集めるのではなく、今いる人間を一流にする」というコンセプトのユニークな人材育成には定評があり、年間100回の企業の講演、セミナーを実施。

現在は、「天'sダイニング 陽なた家」「居酒屋 夢天までとどけ」(共に大分県中津市)、「大名 陽なた家」(福岡市中央区)、たこ焼きテイクアウト店の飲食事業部、ウェディング事業、映像編集事業、人材育成の「for you」プロジェクト事業部、その他講演、出版、イベント企画など様々な業種を生み出しているメイドイン九州の若手実業家である。

著書に『もっと近くで笑顔が見たい』（ゴマブックス）がある。


本書は、2010年３月に現代書林より刊行された作品に、加筆・修正を加えたものです。

ＰＨＰ文庫　斎藤一人の道は開ける

2010年11月18日　第１版第１刷
2025年６月５日　第１版第13刷

著　者　永松茂久
発行者　永田貴之
発行所　株式会社ＰＨＰ研究所
東京本部　〒135-8137 江東区豊洲5-6-52
ビジネス・教養出版部　☎03-3520-9617(編集)
普及部　☎03-3520-9630(販売)
京都本部　〒601-8411 京都市南区西九条北ノ内町11
PHP INTERFACE　https://www.php.co.jp/
組　版　朝日メディアインターナショナル株式会社
印刷所
製本所　大日本印刷株式会社

ISBN978-4-569-67582-4

PHP文庫

斎藤一人の不思議な魅力論

笑いながら成功する法則

柴村恵美子 著

人、いい仕事、お金、楽しいことは、魅力的な人に集まってくる！「日本一のお金持ち」が、不器用な社長に教えた元気が出る成功の法則。

PHP文庫

斎藤一人 幸せをよぶ魔法の法則

いいことが雪崩《なだれ》のごとくやってくる！

舛岡はなゑ 著

日本一のお金持ち直伝、「幸せと成功の法則」！　仕事も人間関係もうまくいく、お金にも好かれる人になるとっておきの方法を教えます。

PHP文庫

斎藤一人 元気が出る魔法の法則

舛岡はなゑ 著

毎日が楽しくない、やる気が出ないなどの不満を解消する、日本一のお金持ち直伝、元気が出るコツ。ツイてる人たちの元気の秘訣が満載。